◎ 王华强〔著〕

ZILIANXING LINGDAO
DUI YUANGONG ZHIYE CHENGGONG DE
YINGXIANG XIAOYING YANJIU

自恋型领导

对员工职业成功的
影响效应研究

人民出版社

目 录

前 言　　/*1*

第一章　绪　论　　/*5*

第一节　研究背景与研究意义　　/*5*

第二节　研究内容　　/*13*

第三节　研究对象与研究变量　　/*15*

第四节　研究方法、技术路线与结构安排　　/*21*

第五节　主要创新点　　/*26*

第二章　文献综述与理论基础　　/*29*

第一节　相关变量的文献综述　　/*29*

第二节　本研究的理论基础　　/*58*

第三节　文献述评　　/*68*

第三章　中国组织情境下自恋型领导的影响因素研究　/71

第一节　研究假设　/73

第二节　研究方法　/79

第三节　分析结果　/85

第四节　结论与讨论　/97

第四章　自恋型领导影响员工职业成功理论模型与研究假设　/101

第一节　理论模型的构建　/101

第二节　研究假设　/105

第五章　研究设计与研究程序　/134

第一节　研究设计　/134

第二节　样本一的整体描述　/135

第三节　样本二的整体描述　/144

第四节　样本三的整体描述　/150

第六章　自恋型领导对员工职业成功影响机制的实证检验　/158

第一节　样本一的假设验证　/158

第二节　样本二的假设验证　/173

第三节　样本三的假设验证　/186

第四节 结果与讨论 /199

第七章 基于生涯建构视角的员工职业成功
 促进措施 /211

第一节 促进职业成功的个体内部措施 /211

第二节 促进职业成功的外部措施 /217

第八章 结论与未来展望 /228

第一节 主要研究结论 /230

第二节 理论贡献与管理启示 /233

第三节 研究局限与未来研究展望 /235

参考文献 /241

附录 A 《自恋型领导影响因素调查问卷》 /274

附录 B 《自恋型领导与员工职业成功的调查问卷》 /277

前　言

当今社会，风起云涌，各社会组织逐渐进入VUCA（Volatility，Uncertainty，Complexity，Ambiguity）时代，组织环境不确定性不断增加，组织竞争日益加剧。由于自恋的个体更有活力和自信，决策更果断，组织中有自恋倾向的个体更易得到重视并走向管理岗位，自恋型领导方式成为一种不可忽略的领导方式。他们通常极具个人魅力，极其渴望得到他人的赞美和崇拜，通常会利用自身和身边的资源来获取他们想要得到的东西。尽管一些自恋型领导取得了非凡的成绩，但是也有一些会给周围的人们带来灾难。在一篇2017年管理心理学领域的国际顶级期刊 *Journal of Applied Psychology* 上的研究表明，自恋型领导也可能过度自信，拒绝从过去的错误中吸取经验教训。因此，如果他们抱有不切实际的幻想，忽视忠告又缺乏约束的话，他们就很可能会把公司引入歧途。此外，自恋型领导也会有从事损害企业和员工利益的利己行为，甚至可能影响他带领的团队的工作作风和言行，在很大程度上影响员工和组织的发展。

鉴于破坏性领导风格对员工和组织带来的巨大负面影响，有关领导阴暗面的研究日益受到学术界的关注，其中关于自恋型领导风格的研究逐渐兴起。领导风格的形成依赖于一定的环境和情境，那么，在中国组织情境下，哪些组织特征因素会影响自恋型领导风格的形成？自恋型领导为了追求自我提升、满足自我膨胀的个人期望和需求，会侵占员工的劳动成果，挤压员工职业发展所需的空间，因此，在中国组织情境下，自恋型领导是否会对员工的职业发展结果产生影响？如果会，这种影响主要通过什么路径来实现的？这种影响是否存在一定的边界条件？员工面对自恋型领导，如何与自恋型领导相处并取得职业成功？这些都是本书需要深入探讨的问题。

首先，本研究探讨了中国组织情境下影响自恋型领导风格形成的组织特征因素，以加深对自恋型领导形成机制的理解。从组织的环境因素、文化因素、结构因素视角，本研究选取中国组织特征因素企业性质、个体主义氛围、组织集权程度为影响变量，采集的有效样本来自 72 个部门或工作团队的 388 个员工，运用信度和效度分析、聚合分析、相关分析和多元层次回归分析等方法，探讨了企业性质、个体主义氛围、组织集权程度与自恋型领导的关系。同时也选择了主管的性别、管理层级这两个控制变量，探讨了这些控制变量下自恋型领导的水平差异。其次，本研究在对相关文献进行综述与分析的基础上，依据智能职业生涯理论，从职业胜任力的三维度 "Know-why" "Know-whom" "Know-how" 研究启示，把职业自我效能感、上下级关系冲突及职业适应力作为自恋型领导影响员工职业成功的三条路径，并基于社会认知职业理论、生涯建构理论等职业理论，提出了本研究的概念模型和研究假设。为了分别探讨三条影响路径的中介效应，本研究采集了三个独立样本，来检验概念模型中相应的假设。第一个样本，检验自恋型领导与员工职业成功的主效应，职业自我效能感的中介效应及环境不确定性、员工传统性的调节效应。第二个样本，检验自恋型领导与员工职业成功的主效应、上下级关系冲突的中介效应及环境不确定性、员工支配性的调节效应。第三个样本，检验自恋型领导与员工职业成功的主效应、职业适应力的中介效应及环境不确定性、员工主动性的调节效应。本研究先检验模型中测量工具的信度和效度，再进行相关分析，然后运用层次回归分析方法，分别检验假设提出的主效应、中介效应和调节效应。最后，本研究结合实证研究的结论和相关基础理论，提出了促进员工职业成功的措施。

自恋型领导是笔者及团队从 2015 年开始研究的一个主题，经过近 7 年的深入研究，笔者及团队研究成果颇丰，在国内外重要学术期刊发表与自恋型领导相关的学术论文十几篇，过去的研究经历及研究成果为本书的撰写打下了坚实的研究基础。本书的撰写旨在研究自恋型领导的丰富内涵及其在中国组织情境下的行为特征，探讨中国情境下的组织特征因素对自恋型领导的影响，揭示自恋型领导对员工沉默行为及职业成功影响的"黑箱"，为组织预防自恋型领导的负面效应和促进职业成功提供理论依据。

本书得到了国家自然科学基金青年项目"自恋型领导对工作场所越轨行为的影响机制研究"（71502175）、长江大学社科基金重点项目"中国组织情境下自恋型领导的影响因素及作用机制研究"（2017csza08）、长江大学专著出版项目"自恋型领导对员工职业成功的影响效应研究"的支持。感谢刘文兴老师及丁志慧老师，在研究框架、研究设计及研究内容上提供了十分宝贵的意见。感谢李丹、何颖、张杰、姜鑫、向丽君等同学的辛勤付出！本书的完成还要感谢人民出版社的各位编辑老师及其他工作人员的大力支持和贡献。

　　本书的研究内容广泛参考了国内外参考文献、笔者及团队的研究成果，但仍然有少量文献资料未在书中标出，在此对文献的作者表示诚挚的歉意！由于笔者的研究水平和写作水平有限，书中难免有瑕疵及不恰当之处，且写作周期长，少量文献未能及时更新，恳请各位读者、同行及专家批评指正，提出宝贵意见，本人不胜感激。意见接收邮箱：Yangtzejz@163.com。

王华强

2021 年 9 月 15 日

第一章 绪 论

第一节 研究背景与研究意义

一、研究背景

当前，随着全球经济与社会的发展，各行各业日益进入 VUCA（Volatility，Uncertainty，Complexity，Ambiguity）时代，波动性、不确定性、复杂性和模糊性成为当前社会的共性特点（Codreanu，2016；黄飞宇和杨国忠，2020）。企业为了在剧烈动荡的商业环境下保持生命力和竞争力，维持竞争优势，必须比以前更加高效，更有创造力（Heckelman，2017），而这一目标的实现在一定程度上有赖于组织采取切实可行的方法提高员工的工作绩效，激发员工主动性和创造力，促进组织持续成长。显然，员工的职业成功将有助于这一组织目标的实现，因为员工的职业成功与组织成功密切相连。员工的职业成功可以激发员工的工作主动性和职业发展动机，促进员工的工作投入、提高员工的工作绩效和创新绩效（王婷和杨付，2018），这些职场结果无疑将提高组织的核心竞争力。鉴于员工的职业成功不仅关系到个体的职业成长，更关系到组织的产出与绩效（郭文臣、田雨和孙琦，2014），员工的职业成功日益受到个体和组织的重视。

职场占据着成年人大部分的时间和精力，职业发展也是一个人立足于社会的根本，实现职业成功是每个人一生追求的职业目标，也是个体加入组织最重视的因素（Cappelli，2000）。进入无边界职业生涯（Boundaryless career）[①] 时代，员工追求的职业发展模式对组织提出新的问题和挑战。在组织情境下，职业成功是员工个人特征和情境特征共同作用的结果（王震和孙健敏，2012），学者们一直在努力探讨影响员工职业成功的情境因素。作为组织中正式权力的拥有者，管理者控制着组织的资源和机会（黄达鑫和马力，2011），在很大程度上决定了员工的工作分配、绩效考核与升迁。因此，管理者是影响员工职业发展和决定员工职业成功的重要情境因素（李太，2011；杨付等，2014），其领导风格和行为方式将对下属产生直接或间接的影响（黄达鑫和马力，2011）。因此，探讨组织情境因素对员工职业成功的影响显得十分必要。具体而言，本研究的选题背景如下：

（一）无边界职业生涯时代员工职业发展呈现新内涵

随着互联网和信息技术的快速发展，组织的生存环境和发展模式发生了急剧变化。现有组织的结构趋向于扁平化、网状化、平台化，管理模式也以多任务和项目制为中心（魏江和刘嘉

---

① 无边界职业生涯由 Arthur 在 1994 年组织行为杂志（*Journal of Organizational Behavior*）的特刊上首先提出来的，是指"超越单个就业环境边界的一系列的就业机会"。

玲，2021；裴嘉良等，2021）。此外，基于互联网的组织结构变革也成为管理者关注的热点。正如管理大师德鲁克所说，"迄今为止，还没有一个时代经历了这么多的社会变革"①。因此，传统企业为保证竞争优势，必须采取应对措施，大量的企业开始探索相应的组织变革，如苏宁基于互联网的零售模式，海尔实行的人单合一模式，这种变革改变了传统"金字塔"式的官僚层级结构，取而代之的是组织结构的扁平化。随之而来的是传统雇佣关系的改变，员工在组织间的流动性增加，雇员不再终身只待在一个组织中。员工的发展边界逐渐被打破，员工的流动方式由组织内的流动转变为组织间的流动，员工的职业生涯发展路径也由相对稳定、有规律的变为相对的不确定（Verbruggen，2012）。在此发展模式下，员工追求职业成功的标准不再仅是晋升、薪酬等指标，对发展的关注也不再局限在固定的单位和岗位，而是着眼于提升自身能力。在无边界职业生涯时代，员工需要用工作绩效来换取持续学习的机会，通过提升职业技能来增强可雇佣能力和职业适应能力，因而，为了应对不断变化的职业生涯，获得持续的职业发展，实现职业成功，提高职业胜任力是员工必须努力追求的目标。

（二）组织的内外部环境促进了自恋型领导的形成

当前，我国企业不仅要面临严峻的国际形势，也要面对国内产业转型升级的要求（韩美琳，2021；万淑贞和葛顺奇，2021）。尤其是各行各业进入 VUCA 时代，企业需要在动态变

---

① 《德鲁克管理思想精要》第二十三章"社会变革的世纪：知识社会的兴起"。

化和高度复杂的商业环境中迎接各种挑战，迫切需要极度自信的人来带领组织迎接挑战，战胜困难，而这正是自恋型领导崭露头角的机会，也是组织给他们展现自我的舞台（Rosenthal & Pittinsky，2006；Padilla et al.，2007）。自恋者夸大的自信以及表演天赋，使自恋的管理者在组织中更能起到团结组织的作用（Post，2004），面对逆境时自恋型领导能让员工坚定立场并且能够暂时说服他们去克服困难（Maccoby，2007）。在大胆自信的自恋管理者的带领下，会营造一种高凝聚力、高信服力、高支持率的组织气氛。此外，中国组织情境下个体价值观的变化也为自恋型领导的滋生提供了土壤。经济全球化背景下，组织中的个体更加推崇自我个性的表达，这使得具有自恋特质的个体获得更大的表现空间（Foster，2009），尤其是具有自恋特质的领导，随着其对权力和组织资源的掌握，个人欲望不断膨胀，员工对领导者的行为也常常不加分辨的赞赏和吹捧，使其更容易陷入自我迷恋的虚幻之中。因此，自恋型领导风格在组织中普遍存在（黄攸立和李璐，2014），学者们对领导"自恋"的认识也由一种人格特质转变成一种领导风格，并称这种独特的领导方式为自恋型领导（Maccoby，2007；廖建桥和邵康华，2016）。

（三）有关自恋型领导对员工职业成功影响的研究比较缺乏

以往的学者探讨过自恋对工作结果（如职业成功、下属的幸福感）的影响效应（O'Boyle & Forsyth et al.，2012；Hirschi & Jaensch，2015），然而，大多数学者研究的是个体自恋对职场结果的影响（Volmer & Koch et al.，2016），而关于自恋对他人的影响，尤其是自恋型领导对下属的职业成功是否会产生影响以及是积极影响还是消极影响，目前还没有学者对此进行过探讨，更缺乏这方面的实证研究。

过去的研究表明，自恋型领导是极端自私的领导风格，其形成受众多因素的影响（廖建桥等，2016；黄攸立和李璐，2014；仵凤清和高林，2014）。自恋的管理者为了实现个人的目标与诉求，可能会挤压员工职业发展所需的空间，阻碍员工的职业成功。但也有部分学者认为，在管理实践中自恋型领导也会展示出个人魅力的一面，其对员工的消极影响不一定十分显著(Deluga，1997)。基于自恋型领导形成的复杂性及其展示出的多面特点，有学者呼吁对自恋型领导的影响因素及影响效应进行更加全面的理论探讨和实证研究（廖建桥等，2016）。因此，本研究尝试探讨在中国情境下的组织特征因素对自恋型领导的影响，揭示自恋型领导对员工职业成功影响的"黑箱"，为组织预防自恋型领导的负面效应及促进员工职业成功提供理论依据。基于此，我们需要进一步探讨以下问题：

1. 自恋型领导在中国组织情境下会受哪些因素的影响？

2. 管理者的自恋型领导风格得分在人口统计学变量上是否有差异？

3. 自恋型领导对员工职业成功会产生什么样的影响？

4. 自恋型领导是否通过影响员工的职业自我效能感、上下级关系冲突、职业适应力对员工职业成功产生作用？

5. 传统性、环境不确定性、主动性、支配性在自恋型领导与员工职业成功关系中是否具有调节作用？

6. 结合实际情况，为缓解和预防自恋型领导的负面影响以及促进员工职业成功提出相应的管理对策。

二、研究意义

(一) 理论意义

本研究的理论意义主要包括以下几个方面:

第一,本研究从环境因素、文化因素、结构因素视角探讨自恋型领导形成的影响因素,丰富了自恋型领导的前因变量研究,为对建构中国组织情境下的自恋型领导理论做了一些基础性研究。首先是立足于中国组织的本土化特征——企业性质,通过实证方法探讨了国有企业和非国有企业对自恋型领导的影响;其次探讨个体主义氛围对自恋型领导形成的影响,揭示了文化因素与自恋型领导风格的关系;最后从组织结构的视角探讨了组织集权程度对自恋型领导风格形成的影响。

第二,本研究探讨自恋型领导对员工职业成功的影响,加深了对自恋型领导职场效应的了解。近几年国内以自恋型领导为主题的研究逐渐丰富起来,主要聚焦在自恋型领导对员工的职场结果的影响,如职场偏差行为(丁志慧和刘文兴,2018)、知识隐藏行为(肖小虹和王婷婷,2020)、员工敌意(陈云和杜鹏程,2020)等方面。西方学者的研究大多探讨的是自恋型领导对绩效、决策、组织氛围、领导效能等的影响。纵观国内外相关研究,对自恋型领导的职场效应的研究主要聚焦于近端效应,对员工的职业发展的远端效应并没有学者进行过探讨,本书探究自恋型领导对员工职业成功的影响机制,帮助人们进一步加深对自恋型领导的职场效应的了解和认识。

第三，本研究基于智能职业生涯理论（Intelligence career），从职业胜任力（Know-why，Know-whom，Know-how）的视角分别选取职业自我效能感、上下级关系冲突及职业适应力为中介来揭示自恋型领导与员工职业成功的关系，系统全面地揭示了自恋型领导对员工职业成功的影响过程。本研究突破了过去研究关注个体感知(如组织公平)视角，基于职业胜任力的三维度视角，从动机、关系、能力三方面系统探讨自恋型领导对员工职业成功的影响过程，打开了自恋型领导对员工职业成功影响的"黑箱"，也为预防自恋型领导的负面效应奠定了理论基础。

第四，深化了自恋型领导在不同组织情境下的影响效应研究。本书在研究自恋型领导的影响效应过程中从个体外部因素和个体自身因素进行探讨，深入分析了个体外部因素环境不确定性及员工个体特质因素如传统性、支配性、主动性在自恋型领导与员工职业成功之间的调节作用，扩展了自恋型领导对员工职业成功影响的边界条件，不但深化了自恋型领导在不同组织情境下的影响效应研究，还为自恋型领导的理论研究增添了中国情境化的内容。

（二）实践意义

在我国经济快速发展的社会背景下，一大批优秀的企业成长了起来，如华为、海尔、阿里巴巴、腾讯、百度等，但也有一批曾经发展不错的企业倒闭了。无论成败与否，企业的管理者在很大程度上都是影响企业发展的关键因素（张笑峰等，2015）。大量管理实践表明，自恋的个体往往因自信、外向而脱颖而出，成为组织的领导者，因此，自恋者常常在组织中处于较高的权力地位，如 CEO、组织高层及国家元首等（Chatterjee & Hambrick，2007；Nevicka & De Hoogh et al.，2011）。目前有大量的自恋型领导在给企业掌舵，他们掌控着公司的大量资源，决定着员工的升迁与发展，对员工的职业发展会产生重要的影响，而员工的职业发展影响着组织的发展。因此，探讨自恋型领导的影响因素及对员工职业成功的影响具有较强的现实意义。

首先，本研究从环境、文化、结构的角度探讨了影响自恋型领导形成的组织特征因素，可以帮助中国组织的管理者从组织文化建设、组织结构设计等方面预防自恋型领导的形成。如改良国有企业的官僚工作作风，预防极端的个体主义文化，积极营造集体主义氛围，通过组织设计适度降低组织集权程度。

其次，本研究试图通过实证研究验证自恋型领导对员工职业成功的影响，有助于组织采取措施约束和监控自恋型领导负面效应。以往大家较多关注的是领导行为对员工职业成功的促进作用，然而本研究试图揭开自恋型领导对员工职业成功的负面影响的"黑箱"，因此，本研究成果不仅可以帮助组织找到打开"黑箱"的钥匙，还可以积极地预防和消除自恋型领导的负面影响。

再次，本研究有助于管理者更好地促进员工职业成功，达到员工与组织共同发展的目的。推动员工的职业发展，协助其职业成功，成为企业调动员工积极性、发挥员工创造性和增强企业创新能力的重要途径，也是增强企业核心竞争力的关键。本研究试图从职业自我效能感、上下级关系冲突、职业适应力三个方面来探讨自恋型领导对员工职业成功的影响。因此，管理者可以通过激发员工的职业自我效能感、改善上下级关系及提高员工的职业适应性等措施帮助员工提高职业胜任力，来达到促进员工的职业成长、提高组织绩效，进而实现员工与组织共同发展的目标。

最后，本研究有助于提高自恋型领导的领导效能及在不同情境下的适应性。自恋型领导会在不同的情境下给组织和个人带来消极或者积极的影响，本研究通过探讨不同的情境因素如传统性、环境不确定性、主动性、支配性等对自恋型领导的领导效能的影响，有助于提高自恋型领导在不同情境下的适应性，避免自恋型领导的消极影响，使自恋型领导发挥其对组织和员工积极的一面，最终提高自恋型领导在不同情境下的领导效能。

第二节 研究内容

本研究从环境、文化、结构等视角探讨自恋型领导形成的影响因素，并采用"领导风格—职业胜任力—职业发展结果"的研究思路来揭示在中国组织情境下自恋型领导对员工职业成功的影响路径和边界条件。主要从企业性质、个体主义氛围、组织集权三个方面探讨自恋型领导的影响因素，从职业胜任力三个维度探讨自恋型领导对员工职业成功的影响路径，从个体外部因素和内部特质因素探讨自恋型领导对员工职业成功的边界条件，并基于实证结论探讨促进员工职业成功的策略。具体研究展开如下：

第一，中国组织情境下自恋型领导的影响因素研究。自恋型领导的影响因素十分复杂，不仅仅受个体特质因素的影响，还受其他众多因素的影响。本研究从环境因素、文化因素、结构因素视角，选取中国情境中的组织特征因素企业性质、个体主义氛围、组织集权为影响变量，探讨企业性质、个体主义氛围、组织集权与自恋型领导的关系。

第二，自恋型领导对员工职业成功的主效应研究。基于人格特质理论，探讨在中国组织情境下自恋型领导的积极效应和消极效应，并对自恋型领导与员工职业成功的直接影响效应进行研究，通过实证研究，对比分析不同管理层级的自恋型领导对员工职业成功所产生的不同程度的影响。

第三，自恋型领导对员工职业成功的中介机制研究。借鉴智能职业生涯理论 ① 中职业胜任力的 Know-why（动机）、Know-whom（关系）、Know-how（能力）视角，把职业自我效能感、上下级关系冲突及职业适应力作为自恋型领导影响员工职业成功的三条路径，以社会职业认知理论、优势互补理论、生涯建构理论为解释理论进行理论推导，并通过实证检验分析自恋型领导如何通过这三条不同的路径对员工的职业成功产生影响，以揭示自恋型领导对员工职业成功的影响机制。

第四，自恋型领导对员工职业成功的调节机制研究。为了对自恋型领导的消极效应和积极效应进行整合研究，本研究把从员工内部视角和员工外部视角选取员工特质因素（如传统性、支配性、主动性）和外部因素（如环境不确定性）作为自恋型领导与

---

① 智能职业生涯理论（Inlelligence career）由 Arthur、Calm 及 Defillippi 于 1994 年首次提出。

职业自我效能感、上下级关系冲突及职业适应力之间关系的重要调节变量，从而加强对自恋型领导的情境化理解。

第五，促进员工职业成功的策略研究，拓展本研究的应用价值。基于前面的研究结论，从生涯建构理论的视角，提出了促进职业成功的个体内部措施（个体因素）和促进职业成功的外部措施（组织情境因素），以达到预防自恋型领导负面效应，提高组织绩效，帮助员工实现自我价值的目的。

第三节 研究对象与研究变量

一、研究对象

本选题研究自恋型领导对员工职业成功的影响，为了保证研究结论的针对性，本研究的研究对象为企业或事业单位员工及其直接上级。本研究以武汉、荆州、青岛、南宁、天津、广州、西安、上海、北京等地的企业或事业单位为对象，进行理论构建和实证分析。

目前我国不同区域、不同行业、不同性质的组织，管理者的自恋程度都可能有所不同，因此，本研究从不同区域如中部地区、东部地区、华北地区、西部地区等中各选取不同的企业，涉及民营企业、国有或国有控股企业、外资企业或事业单位，行业分布涉及制造业、金融服务业、IT业等，通过这种方式选取的员工及其直接上级作为本研究的研究对象是具有代表性和普适性的。

二、研究变量

本研究主要探讨自恋型领导的影响因素及考察自恋型领导对员工职业成功的影响机制，涉及的研究变量主要有 12 个，分别是企业性质、个体主义、组织集权、自恋型领导、职业成功、职业自我效能感、上下级关系冲突、职业适应力、主动性、传统性、支配性、环境不确定性。

（一）企业性质

根据我国企业实际情况和本研究的需要，我们把企业性质分为国有企业和非国有企业两种。

（二）个体主义

为了衡量不同文化背景下人们的价值观，学者 Hofstede 在 1980 年提出把文化分为两个维度，一个是集体主义，另一个是个体主义。[①] 西方学者 Triandis 和 Gelfand（1998）在研究个体主义价值观时，认为个体主义价值观具有两个方面的含义，一方面是横向个体主义，重视社会平等性和自我独特性；另一方面是纵向个体主义，指个体强调通过竞争获得成就以达到与他人的不同。[②] 我国学者徐江等（2015）在分析和归纳不同学者提出的价值观模型后，认为个体主义价值观的核心是个人主义，强调个

[①] Hofstede G., "Motivation，Leadership，and Organization: Do American Theories Apply Abroad?"，*Organizational Dynamics*，Vol.9，No.1（1980），pp.42–63.

[②] Triandis H.C.，Gelfand M.J.，"Converging Measurement of Horizontal and Vertical Individualism and Collectivism"，*Journal of Personality & Social Psychology*，Vol.74，No.1（1998），pp.118–128.

人的独特性、控制感、能力以及个人目标等。综合国内外学者的观点，本研究认为个体主义强调自我、目标和竞争，是以个体为中心的一种价值观。

（三）组织集权

Vickery（2006）的研究认为，组织结构集权化是组织结构内涵的三个重要维度之一。组织结构决定职权范围、任务关系、沟通协调机制以及团队互动模式等（Robbins,1983）。Marsden（2003）和汪惠等（2011）认为，组织集权化是指组织的决策权集中在某一个人，单位或是层级的程度，其程度越高，员工参与决策制定的程度就越低。综合不同学者的阐述，我们认为，组织的集权化程度意味着资源和权力的集中程度，在一定程度上影响管理者的行为方式、组织成员的决策参与度及组织内的信息反馈。

（四）自恋型领导

Rosenthal 和 Pittinsky（2006）认为自恋型领导是指领导者的行为动机源于极端利己的需求及自大的信念，而不是组织需求与利益。他们还指出了自恋型领导与领导者自恋的区别，认为领导者自恋只是领导者的自恋特质，而自恋型领导基于极端利己的动机以及依赖下属的赞赏。Ouimet（2010）将自恋型领导与领导者自恋结合在一起，认为自恋型领导与领导者自恋有着必然的联系。虽然学者们的理解各有差异，我国学者黄攸立和李璐(2014)梳理西方学者的文献后认为，自恋型领导除了利己主义核心特征外，还包括魅力、欺骗动机和知识抑制等典型行为特征。本研究综合学者们的理解，认为自恋型领导就是具有极大权力需求和赞赏需求的利己主义领导方式。

（五）职业成功

关于职业成功比较全面的定义是由 Seibert 等人提出来的，他们认为个体在职业发展过程中获得的积极的与工作相关的成就或心理上的满足感（Seibert & Kraimer et al.，2001）。后来，职业成功被学者们分成客观职业成功和主观职业成功。随着知识经济的到来，职场中的个体逐渐进入了无边界职业生涯时代，学者 Eby（2005）等人为了更合理、更准确地衡量职业成功，采用职业满意度（主观指标）和组织内部劳动力市场的竞争力、组织外部劳动力市场的竞争力（客观指标）为评价指标（Eby et al.，2003）。相比传统的晋升和薪资，这三个指标具有一定的可比性和动态性，因此，本研究采用这三个指标来测量职业成功。

（六）职业自我效能感

自我效能感的概念最早是由美国心理学家班杜拉[①]于1982年提出，它是指个体能否利用自己的能力实现特定领域目标的信心或信念，需要注意的是，自我效能感不是指能力本身。职业自我效能感是哈克特和贝兹提出的概念，他们在 1981 年将班杜拉的自我效能感理论应用于职业指导，并认为职业自我效能感是"个人从事特定职业的能力的信念"。因此，职业自我效能感为个人的职业发展提供了内部动力。

（七）上下级关系冲突

研究者把发生在下属与直接上级之间的冲突叫上下级冲突

---

① 社会学习理论的创始人班杜拉（Albert Bandura）从社会学习的观点出发，在1982年提出了自我效能感理论，用以解释在特殊情境下动机产生的原因。

（Landry & Vandenberghe，2009）。基于学者 Jehn（1995）对冲突类型的理解和划分，上下级之间的冲突可以分为上下级关系冲突和上下级任务冲突。刘宁和赵梅（2012）的研究表明，在中国组织的管理实践中，关系冲突与任务冲突的关联性很高，二者往往伴随着发生。而学者 Zhang 等（2008）的基于中国数据的证实研究也得出了相似的结论，发现关系冲突和任务冲突的相关系数为0.70。由于在中国的组织情境中，任务冲突常常引发关系冲突，本研究将重点关注关系冲突对职业适应力及职业成功的影响。

（八）职业适应力

职业适应力被西方学者 Pratzner 和 Ashley（1985）界定为"适应工作需求以及变换工作以适应个人需求的能力"。Savickas（1997）将职业适应力定义为"个体对于可预测的生涯任务、所参与的生涯角色，与面对生涯改变或生涯情境中不可预测之生涯问题的因应准备程度"。Savakas 在 2005 年提出了基于四维结构的更完整的理解，具体包括生涯好奇、生涯关注、生涯自信及生涯控制四个方面。从关于职业适应力的实证研究来看，大多数学者普遍接受 Savakas（2005）的观点。因此，本研究采用学者们于 2012 年基于 Savakas 定义开发的国际职业适应力量表。

（九）环境不确定性

环境不确定性逐渐成为组织管理领域内讨论个体行为与管理效能的重要因素。Priem 等（2002）认为环境不确定性是一种包含决策研究中区别于不确定性的模糊性和风险性在内的无法预测和感知的变化。蒋春燕等（2011）认为，环境不确定性是一种组织内成员尤其是组织的领导者对未来的技术和市场变化等所感知到的无法预测的状态。我们认为环境不确定性是指一系列难以准确把握和预测的动态性和模糊性，这种动态性和模糊性对组织的经营管理活动和战略决策产生重要影响，具体表现在市场变化、技术变革、法律法规调整等。

（十）传统性

李锐等（2012）认为，中国人的传统性是指最能体现传统中国人的性格和价值取向的特点，包括思想观念、认知态度、行为意愿、价值取向等方面。这些方面体现了传统价值观念在个人心中的认可（Farh & Earley，1997），比如男性优势、孝亲敬祖、遵从权威等方面。在组织行为学的相关研究中，学者们常用传统性的遵从权威来表达整体特征。

（十一）支配性

支配型人格被经常用于描述喜欢以不健康方式控制事情或其他人的个性特点。上下级的性格类型会影响上下级的互动关系质量，因而，在管理实践中，要深入了解上下级关系的互动效果，一定要考虑到双方性格的互补性或冲突性给双方关系带来的影响。目前本研究采用CAT-Personality Disorder Scales Static Form（CAT-PD-SF，v1.1）[①] 开发的6题项支配性测量量表。

（十二）主动性

主动性人格概念是1993年由西方学者Bateman 和 Crant 首

---

① Simms L. J., Goldberg L. R., Roberts J. E., Watson D., Welte J. & Rotterman J. H.，"Computerized Adaptive Assessment of Personality Disorder: Introducing the CAT–PD Project"，*Journal of Personality Assessment*，Vol.93，No.4（2011），pp.380–389.

先提出的①，他们认为主动性人格是个体在面对不利环境时，采取积极主动的行为适应和改变周围环境的比较稳定的人格特质。通常来说，主动性得分较高的个体，会主动接受面对的挑战，积极调整自己以适应环境。

第四节 研究方法、技术路线与结构安排

一、研究方法

（一）文献研究法

本研究采用文献研究法有三个目的。第一，通过对西方自恋型领导的相关文献的收集与梳理，为修订自恋型领导测量题项提供理论基础。第二，依据本研究方向收集自恋、自恋型领导、职业成功、职业自我效能感、上下级关系冲突、职业适应力、主动性、传统性、员工支配性、环境不确定性、个体主义、组织集权的相关文献，梳理已有研究的发展脉络，总结东西方学者的研究结论和成果，分析其中的不足和局限性，并明确影响自恋型领导的组织特征因素，建立自恋型领导和员工职业成功之间的理论联系，对可能存在的中介变量、调节变量进行文献挖掘，最终在相关文献分析和推理的基础建立本研究的概念框架。第三，基于前

---

① Bateman T. S., Crant J. M., "The Proactive Component of Organizational Behavior: A Measure and Correlates", *Journal of Organizational Behavior*, Vol.14, No.2（1993），pp.103–118.

人研究结果把研究进一步纵深，避免研究内容的重复性。

（二）专家访谈法

成功的专家访谈可以为本研究的深入和推进打下扎实的理论和实践基础，提升本研究的理论合理性及实用价值。本研究采用专家访谈法主要是实现两个目标。首先对文献梳理后提出的理论模型进行初步检验并修正，使研究模型具有更为广泛的认同；其次对文献研究提出的调查问卷进行初步检验并修正，使调查问卷设计的内容更加合理、准确，适用性更高。本研究的访谈专家主要来自大学从事人力资源管理研究的学者及企业人力资源管理经理，共访谈 18 人。

（三）问卷调查法

本研究所使用的量表除企业性质外，其余量表均来自于西方研究，是东西方学者广泛使用的成熟量表。问卷调查法主要运用在本研究实证部分的主体调查，即对本研究所有变量的测量。预计在武汉、上海、荆州、北京、西安、广州等地的 30 家企业中选取 2000 名左右的企业员工填写所有测量量表，拟回收有效量表 1200 份以上，分四个独立调查样本，第一个样本主要以部门或工作团队为调研团队，测量企业性质、个体主义、组织集权与自恋型领导。第二、第三、第四个独立样本分两个阶段进行测量，第一个阶段测量自恋型领导（员工报告）、调节变量，第二个阶段测量中介变量和主观职业成功、客观职业成功。

对所有量表的评价主要是对量表的有效性和测量质量进行评价。为了对研究中测量结果的稳定性、一致性和可靠性进行检验，首先我们检验了量表的信度和效度。其次，考虑到问卷主要是由同一对象进行填写，所以，我们进行同源误差分析。再次，为了检验各变量之间因相关带来多重共线性，我们检验了变量的多重共线性。量表的信度用 Cronbach's α 系数来衡量，而量表的效度我们主要检验了区分效度和聚合效度。聚合效度采用探索性因子分析法进行验证，遵循特征值大于一的原则来选择因子，通过因子载荷和累积解释方差变异量判断因子组织和测量效果。各变量区分效度的检验我们采用的是验证性因子分析法，RMSEA、TLI、CFI、IFI 等来评判数据拟合程度。研究中各模型之间变量之间关系的验证采用 SPSS 21.0、M-Plus 7.4 统计软件进行层级回归分析。

二、技术路线

本研究采用的技术路线见图 1—1。

三、结构安排

本研究的结构安排如下：

第一章，介绍本研究的选题背景及研究意义，研究对象与研究变量、研究的主要内容、研究方法、技术路线、结构安排和主要创新点。

第二章，本研究的相关文献综述与理论基础。对自恋、自恋型领导及职业成功的概念、测量、相关实证研究及彼此之间的关系进行梳理和总结，然后介绍本研究的理论基础如人格特质理论、智能职业生涯理论、生涯建构理论、社会认知职业理论等，为构建本研究的理论模型及提出本研究的理论假设提供依据和理

研究方法	研究内容	研究目的
● 文献研究 ● 专家访谈	**文献综述和理论基础** 自恋型领导　　　生涯建构理论 职业成功　　　　智能职业生涯理论 职业自我效能感　人格特质理论 职业适应力　　　社会认知职业理论 上下级关系冲突	为本研究提供： 文献基础 理论依据
● 理论分析 ● 问卷调查 ● 数理统计	**自恋型领导的影响因素研究** 1）理论模型的构建 2）研究假设的提出 3）假设检验　　　 4）结论与讨论	理论构建变量关系 实证验证变量关系
● 理论分析	**自恋型领导对员工职业成功影响的** **理论模型与研究假设** 1）理论模型的构建 2）研究假设的提出	理论构建变量关系
● 理论分析 ● 问卷调查	**自恋型领导对员工职业成功影响的** **研究设计与研究程序** 1）研究设计　2）研究程序及样本描述	提供测量工具和 研究方案
● 统计分析 ● 理论分析	**自恋型领导影响员工职业成功的实证检验** 1）变量的信效度、同源偏差检验 2）主效应、中介效应、调节效应检验 3）研究结论	实证验证变量关系
● 理论分析	**员工职业成功的促进策略研究** 1）个体内部措施 2）个体外部措施	提出对策，解决问题
● 理论分析	**研究结论与展望** 1）研究结论与讨论　2）研究局限 3）未来研究展望	总 结

图 1—1　本研究采用的技术路线图

论基础。

第三章，自恋型领导的影响因素研究。本章主要探讨企业性质、个体主义氛围、组织集权对自恋型领导的影响。先对三者与自恋型领导的相关关系进行演绎与推理，提出本研究的研究假设。再介绍相关量表的设计、正式问卷的发放与收集过程、对正式收集数据的信效度检验及聚合数据检验，并运用 SPSS 21.0 和 M-Plus 7.4 对正式调查所获得的有效数据进行回归分析，检验所提出的假设。最后对本研究的主要总结进行总结和讨论。

第四章，自恋型领导对员工职业成功影响的理论假设。本章是在理论研究综述的基础上，对自恋型领导与员工职业成功及相关变量之间的关系做进一步的理论分析。通过对这些变量间相关关系的演绎与推理提出本研究的相关研究假设，并最终构建一个整合三中介的研究模型。

第五章，自恋型领导对员工职业成功影响的实证研究设计。本章主要介绍员工职业成功及相关量表的设计、正式问卷的发放与收集过程、对正式收集数据的信效度检验。最后对本研究的实证研究中采用的分析工具与研究方法进行说明。

第六章，本研究的实证研究结果及分析。在本章中，运用 SPSS 21.0 和 M-Plus 7.4 对正式调查所获得的有效数据进行运行并对第四章提出的主效应、中介效应、调节效应进行验证。最后对实证研究的结果进行了分析与讨论。

第七章，促进员工职业成功的策略研究。在本研究理论探讨和实证研究的基础上进行应用性分析，从个体内部和外部视角，探讨员工职业成功的促进策略。

第八章，研究结论与展望。在本章中，首先对本书的主要结论进行总结和讨论，其次提炼出本研究产生的理论贡献及管理启示，最后提出本研究过程中的理论构建、逻辑关系、数据采集、研究设计中存在的不足，并指明未来可以继续探讨的研究方向。

第五节　主要创新点

本书对影响员工职业成功的领导因素进行了梳理和分析，基于生涯建构理论，并找出了组织情境中的重要影响因素——领导风格。基于智能职业生涯理论全面分析自恋型领导对员工职业成功的作用机制，更系统考察传统性、环境不确定性、支配性等对这些变量的关系发挥的调节作用，对相关的研究进行整合、拓展和深化。本研究主要在以下四个方面进行探索性研究。

一、丰富了自恋型领导的前因变量研究

目前关于自恋型领导影响因素的研究，大多是西方组织情境下的研究，较少中国组织情境下的实证研究，尤其是中国组织特征因素对自恋型领导的影响，并没有学者对此进行过探讨，因此，本研究从环境、文化及结构视角探讨了中国组织特征因素对自恋型领导的影响，丰富了自恋型领导的前因变量研究，为建构中国组织情境下的自恋型领导理论做了一些尝试性研究。

二、增加了员工职业成功影响因素研究的新视角

过去的研究较多地从积极领导风格的视角探讨领导因素对员

工职业成功的影响，如精神型领导（杨付和刘军，2014）、道德型领导（唐春勇等，2015）以及变革型领导（谢琳，2014）。本研究从消极领导风格的视角探讨管理者的自恋型领导风格对员工职业成功的影响，探讨了自恋型领导的消极领导方式对员工职业发展产生的干扰，增加了员工职业成功影响因素研究的新视角。

三、揭示了自恋型领导影响员工职业成功的路径

过去的学者从战略共识、组织公平等视角研究领导风格与员工的职业成功之间的关系，虽然也有零星的学者从上下级关系、职业生涯适应力的视角进行过探讨，但并非基于职业胜任力视角，而且现有的研究比较零散，关于领导对员工职业成功的影响路径的描述还不够清晰。本研究基于智能职业生涯理论（Intelligence career），从职业胜任力的"Know-why""Know-whom""Know-how"三维度视角对自恋型领导对员工职业成功的影响效应进行全面而系统的探讨，揭示了自恋型领导影响员工职业成功的中介机制，也为组织和管理者促进员工职业成功提供了新的途径。

四、基于生涯建构视角提出了促进员工职业成功的措施

生涯建构理论指出，个体职业发展的结果主要是由个体因素和情境因素交互作用而产生的（Mark L. Savickas，2002）。因此，本研究从生涯建构理论的视角，较系统地提出了促进职业成功的个体内部措施（个体因素）和促进职业成功的外部措施（组织情境因素）。促进职业成功的个体内部措施主要包括：引导低自我

效能感的员工正确归因、引导员工适当调整自我监控偏好、进行合理的目标设置。促进职业成功的外部措施主要包括：通过重视自恋型领导带来的消极影响，完善制度及组织设计、加强管理者道德建设来预防自恋型领导的负面效应；从组织、管理者和员工角度采取措施，缓解上下级关系冲突。

本章小结

本章主要介绍了本书的选题背景，阐述了本研究的理论意义与实践意义，明确了本研究的主要内容、研究拟采用的研究方法、技术路线、研究对象，并界定了主要研究变量，指出了研究的主要创新点。

第二章 文献综述与理论基础

　　对国内外文献的梳理后发现，职业成功的相关研究较多，而近几年国内外组织行为学领域有关自恋及自恋型领导的研究日益增加。少数学者探讨了其他领导风格与职业成功的关系以及自恋对个体职业成功的关系，然而，关于自恋型领导对员工职业成功的影响的研究仍然比较匮乏，以职业胜任力角度为切入点来探讨二者关系的研究还未曾见到。下面我们从自恋、自恋型领导、职业成功、变量之间的关系及相关研究理论等方面进行文献回顾与整理。

第一节　相关变量的文献综述

一、自恋型领导的相关研究

　　为确保对自恋型领导的综述具有完整性和高度的代表性，本书以"自恋""自恋型领导""领导自恋"为关键词在 CNKI、万方等中文数据库中进行检索，以"Narcissism（Narcissistic）""Narcissistic Leadership""Leader Narcissism"为关键词在 Web of Science、EBSCO、Science Direct、ProQuest 等外文数据库中进行检索，共检索出中文 375 篇、英文 152 篇。本研究基于相关的重要文献采取追溯方式获取相应文献，进而保证了相关研究内容的准确性和全面性。

（一）自恋及自恋型领导的概念内涵

1. 自恋的来源与发展

自恋（Narcissism）一词出自希腊术语 Narkissos，转换为英语是 Narcissus，也有水仙花的意思。在希腊神话中，纳西索斯（Narkissos）如此迷恋自己以至于不会再爱上其他人。[①] 他的外表迷住了当地森林女神，包括艾可（Echo），她和纳西索斯一见钟情。艾可在树林里等了很多天后，终于有机会见到他。她向他跑去并想伸手拥抱他。但纳西索斯拒绝了，并说："放开手！我宁愿死也不想让你拥有我！"当代关于自恋的理论和研究很明显都来源于纳西索斯神话，都强调自恋者自大和优越的自我意识。纳西索斯拒绝和诋毁艾可（和其他人），过分迷恋自己的外表，以至于认为其他人配不上自己的爱和关注。因此，自恋的人在日常生活中贬损别人是因为他们认为自己比大多数人优越，意图通过抨击和贬损他人（负反馈）来加强他们的自我价值感（Sun & Randall，2015）。弗洛伊德在 1914 年首次将自恋的概念引入到精神分析领域，其在《论自恋》中系统地论述了自恋的概念，促

---

① 摘自奥维德《变形记》中纳西索斯的故事。

发学者们对自恋的理论和临床研究。① 另一位与弗洛伊德同时代的大师阿德勒，其认为自恋者的初衷就是增加个体的自尊，而自尊会受到社会文化因素的影响，如完美、优越、安全等。Kohut（1966）认为自恋是透过夸张的自我意象形态形成心理特质中的自欺防御机制。Kernberg（1967）认为，自恋实际上是由人的本能驱动。在1968年美国心理分析学会（APA）把个体的自恋定义为注意力集中于自身的一种心理状态。美国《精神疾病诊断和统计手册》于1982年推出修订版第三版，在该手册中指出，个体满足以下至少5点才算是自恋型人格障碍，如表2—1所示。

表2—1 美国《精神疾病诊断和统计手册》自恋型人格障碍诊断表

序号	自恋型人格障碍的具体表现
1	对批评感到愤怒、害羞或屈辱
2	损人利己，利用他人达到自己的目的
3	有唯我独尊的自负感，如过分夸大自己的才干，没有相应成绩却希望被视为"特殊天才"
4	认为自己独特，只有特殊人物才能理解
5	沉湎于自己无止境地获得成功、权力、才华、美貌和美好爱情的幻想中
6	特权感，无理由地期望获得特殊待遇
7	要求得到持久的注意和赞美
8	能意识到但不关心别人的感情
9	过分嫉妒别人

Campbell等人（2006）研究指出，自恋特质通过人际关系、自我以及自我监控策略三个方面表现出个体间相对稳定的差异，

---

① Freud S., *On Narcissism:An Introduction*，Worcestershire:Read Books Ltd，2014.

主要包括夸大的自我评价、自负及不切实际。我国学者赵静和张海钟（2007）认为自恋的个体应具有这些特征：a. 以自我为中心且高度自我关注；b. 充满对权力、成功和名誉的幻想；c. 对自己的评价极其乐观；d. 希望得到他人持续的羡慕和关注；e. 对自己有优越感和独特感。通过对过去文献的梳理，我们认为，自恋的典型特征至少包括两个方面：一是对自身夸大的评价，二是对自身过分的关注。简单来说，我们将个体过高评价自己且把自我注意力集中于自身的一种心理状态叫作自恋。

2. 自恋型领导的概念与发展

随着组织中的自恋现象越来越普遍，组织情境下的自恋问题逐渐进入了人们的视野。事实上，弗洛伊德在1921年就强调领导者必然有自恋的倾向。学术界也尝试将自恋的研究由人格心理学领域引入到领导学领域。Kernberg（1979）指出自恋者往往拥有高的权力与威望的需求，进而去追逐职位的权威与领导力。Maccoby（2000）则提出自恋型领导不一定是一种成功的领导，并根据弗洛伊德关于自恋的概念提出领导者消极自恋与积极自恋两个概念。Rosenthal 和 Pittinsky（2006）是最早系统性介绍自恋型领导的学者，其认为自恋型领导是指领导自身行为的驱动力并不是组织利益，而是领导个体的自私需求和欲望驱动。同时，他们还指出了自恋型领导与领导者自恋的区别，认为领导者自恋只是领导者的自恋特质，而自恋型领导基于极端利己的动机以及依赖下属的赞赏。Maccoby（2007）在《自恋型领导》书中这样描绘着自恋型领导，他们渴望以自我的标准去改变这个世界，他们无视现实中的伦理道德，以一种迫使世界万物顺应自我激进的态度，无视自我行为所引发的灾难性的后果，他们并不会因此而感到悔恨和罪恶。Gerard Ouimet 在 2010 年进一步拓展了自恋型领导的理论研究，提出了自恋型领导概念的五要素维度（魅力、利己主义、欺诈性动机、智力抑制、假装关心）。[①] 他同时提出自恋型领导与其自身的自恋特质存在密切的联系。Charles A. 和 O'Reilly 等（2014）从特质理论视角对自恋型领导给予了解释，认为自恋型领导的动机是追求个体权力以及他人的赞许，而不是组织或团队的移情关注，但是自恋型领导善于展示自我的魅力以及为组织规划宏伟远景的能力。虽然目前国内外学者对自恋型领导的概念内涵还没有形成完全一致的认识，但我国学者黄攸立和李璐（2014）梳理国内外相关研究后认为，自恋型领导具有利己主义、欺骗动机、知识抑制、魅力等典型特征。自恋型领导的概念内涵如表 2—2 所示。

表 2—2　自恋型领导的概念内涵

序号	作者	时间	概念内涵
1	Kernberg	1979	自恋者往往拥有高的权力与威望的需求，进而去追逐职位的权威与领导力
2	Maccoby	2000 2007	自恋型领导不一定是一种成功的领导，领导自恋具有消极自恋与积极自恋。他们罔顾伦理道德，行为激进、冒险投机，对失败或过错没有负罪感

---

① Ouimet G., "Dynamics of Narcissistic Leadership in Organizations:Towards an Integrated Research Model", *Journal of Managerial Psychology*, Vol.25, No.7（2010）, pp.713–726.

序号	作者	时间	概念内涵
3	Rosenthal & Pit-tinsky	2006	自恋型领导是指领导者的行为主要受极端自私的个人需求和欲望驱动，而不是受他们所领导的组织机构的利益驱动
4	Gerard Ouimet	2010	自恋型领导的五要素分别是：魅力、利己主义、欺诈性动机、智力抑制、假装关心
5	Charles A. & O'Reilly et al.	2014	自恋型领导的动机是追求个体权力以及他人的赞许，而不是组织或团队的移情关注，但是自恋型领导善于展示自我的魅力以及为组织规划宏伟远景能力
6	黄攸立、李璐	2014	自恋型领导具有利己主义外，还包括魅力、欺骗动机和知识抑制等典型特征

（二）自恋型领导的结构维度与测量

1. 自恋型领导的结构维度

Emmons（1987）根据自恋人格的四个维度——权威/领导力（Authority/Leadership）、自我欣赏/聚精会神（Self-admiration/Self-absorption）、自大/优越感（Arrogance/Superiority）、应得的权利/滥用权力（Entitlement/Exploitativeness），Raskin 和 Terry（1988）认为自恋型领导的概念内涵应包含七个维度，分别是权力、权威、剥削、虚荣、喜欢出风头、自我满足、优越感。Dean 和 Paul（2001）根据领导者自恋的不同行为，基于心理学的角度指出了对组织有害的六种自恋型领导：第一种通过操作、利用他人来获取关注、认可以及钦佩，同时呈现出不诚实、恃强凌弱的个性特征；第二种领导行为难以捉摸、易怒，经常指责、打压、威胁员工，进而促使员工形成消极情绪；第三种乐于印象管理，以毫无顾忌地自我推销的方式换取别人的信任；第四种是缺乏管理实践，日复一日地做着糟糕的管理行政事务，常受控于各种趋势指引，无法科学指导组织管理；第五种是不正视自己的能力，自我欺骗、盲目自信，认为自我是无懈可击并且绝对可靠的；第六种是导致继任计划的失败，享受在聚光灯下的状态，并不乐意培养接班人。Chatterjee 和 Hambrick（2011）提出从五个方面测量 CEO 自恋倾向：CEO 现金报酬与次高行政主管薪酬差距；CEO 的照片在公司年报中凸显程度；CEO 非现金报酬与次高行政主管薪酬差距；CEO 在个人专访中使用第一人称次数；CEO 在公司媒体报道中凸显程度。Rijsenbilt 和 Commandeur（2012）基于对 Emmons（1987）所阐述的自恋概念的理解，提出了 CEO 自恋倾向四个维度测量方式：CEO 竞购行为（Acquisition Behavior）、CEO 工资（Compensation）、CEO 权力大小（Power）、CEO 曝光度（Exposure）。

不同学者提供的自恋型领导的结果维度不尽相同，具体如表 2—3 所示。

表 2—3　自恋型领导的结构维度

序号	作者	时间	结构维度
1	Emmons	1987	权威 / 领导力（Authority/Leadership）、自我欣赏 / 聚精会神（Self-admiration/Self-absorption）、自大 / 优越感（Arrogance/Superiority）、应得的权利 / 滥用权力（Entitlement/Exploitativeness）
2	Raskin & Terry	1988	权威、喜欢出风头、优越感、权力、剥削、自我满足、虚荣
3	Gough & Bradley	1996	追求权力、膨胀以及寻求聚焦
4	Pincus et al.	2009	包含自大型自恋与脆弱型自恋两个维度

序号	作者	时间	结构维度
5	Chatterjee & Hambrick	2011	CEO 自恋倾向：CEO 的照片在公司年报中凸显程度；CEO 在公司媒体报道中凸显程度；CEO 在个人专访中使用第一人称次数；CEO 现金报酬与次高行政主管薪酬差距；CEO 非现金报酬与次高行政主管薪酬差距
6	Rijsenbilt & Commandeur	2012	CEO 自恋倾向四个测量维度：CEO 工资（Compensation）、CEO 曝光度（Exposure）、CEO 权力大小（Power）、CEO 竞购行为（Acquisition Behavior）
7	文东华、童卫华、彭希	2015	有关 CEO 的新闻在公司媒介上的曝光度；CEO 在公众场所使用第一人称的频率；CEO 微博和博客中，非转发内容占所有微博和博客的比率

2. 自恋型领导的测量

目前，关于自恋的研究十分丰富，其测量工具也十分成熟。当学者们把自恋引入组织领域进行研究时，在早期的研究中一般是把自恋人格测量量表作为测量领导自恋的工具。经过几十年来的临床研究，现在的研究者已经开发了几十种自恋量表，显性自恋人格测量量表 NPI-40（Raskin & Terry，1988）已广泛应用与人文社科领域。然而基于诊断和统计手册开发的 NPI 测量题项较多，在使用的过程中，被试者很难完全配合。近年来，学者尝试开发适合自恋型领导的测量问卷，比如 Chatterjee 和 Hambrick（2011）在 Emmons（1987）自恋人格测量问卷基础上开发出自恋型领导测量问卷，具体包括五个方面：CEO 的照片在公司年报中凸显程度；CEO 在公司媒体报道中凸显程度；CEO 在个人专访中使用第一人称次数；CEO 现金报酬与次高行政主管薪酬差距；CEO 非现金报酬与次高行政主管薪酬差距。Rijsenbilt 和 Commandeur（2012）也尝试做出这样的努力，用四个方面的指标来测量 CEO 的自恋，如 CEO 工资（Compensation）、CEO 曝光度（Exposure）、CEO 权力大小（Power）、CEO 竞购行为（Acquisition Behavior）。目前对于自恋型领导的定义学术界仍有争议，如领导者自恋与自恋型领导都有很大的不同，因此把自恋性格量表直接应用来测量自恋型领导并不被学者们认同。Wayne 和 Katina（2012）基于人格和领导学领域构念开发的自恋型领导测量量表，以下属评价的方式反映感知到的领导自恋。该量表共有 6 个测量题项，如"我的上级领导是一个十分以自我为中心的人"。虽然该自恋型领导测量量表的信效度已得到了西方情境的验证，但目前为止还没有学者运用该量表开展中国组织情境下的研究。

由于自恋的测量在实际的施测过程存在一些困难，Robert A. Emmons 在 1984 年基于自恋的行为特点开发了由下属评价的 10 个测量题项的自恋测量量表，经过学者们的实证数据检验，使用 10 题项的测量量表打分的结果与 NPI 测量量表高度相关，而且信效度良好。因而本研究采用 Robert A. Emmons 的量表。

（三）自恋型领导的影响因素研究

Ouimet（2010）在 Rosenthal 自恋型领导的概念基础上，从动态系统的角度出发，指出自恋型领导不仅限于领导者个体特征，而应该是在一定的情境下，结合个体因素形成自恋型领导，在组织中展现出来的各种行为。我国学者黄攸立和李璐（2014）对自恋型领导影响因素进行整合性探讨，并归纳为特质、文化、结构和环境，见表 2—4。

1.影响自恋型领导的特质因素

在说到自恋型领导时，大家都会理所当然地认为自恋特质就是产生自恋型领导的前提条件，Hoffman 等（2011）通过对 187 篇文献进行元分析，发现了活力、支配力、自信、魅力等特质显著影响领导效能，而这些都与自恋密切相关。然而目前零星的实证研究指出自恋者成为领导者的原因是具有自恋特质的领导者与自信、自大及自尊等要素都高度相关（Paunonen et al., 2006；Brunell et al., 2008）。Judge 等（2002）发现领导中大多数具有"大五"人格中的外向性，而自恋又与外向性高度相关（Miller & Campbell, 2008；Oltmanns et al., 2004）。

2. 影响自恋型领导的文化因素

Foster（2003）在研究中指出，自恋的出现与本国的文化背景有一定的相关性，在团体中，崇尚个人主义的个体会比其他小组成员有着更显著的自恋水平。Blair（2008）研究结果表明，在低伦理要求的组织中，自恋者更容易走向领导岗位。此外，媒体时代的宣传，使越来越多的 CEO 成为大众明星而备受关注，来自于媒体的宣传，使得越来越多的领导者站在了聚光灯下（Maccoby, 2000）。

3. 影响自恋型领导的结构因素

Padilla 等（2007）认为组织如果缺乏监督机制以及信息控制严厉，势必削弱下属的行为，自恋型领导将以能者自居的态度处理工作事务，并无限遐想所有的人都亏欠于他，与此同时可以不遗余力地扩大自己的影响力。从组织结构的角度，由于制度的限制以及信息的把控，组织成员更能感受到自恋型领导行使权力的价值（Maccoby, 2007）。Paulhus（1998）和 Oltmanns（2003）两者的研究都间接证明了自恋者在组织的初创期更受员工的拥戴。同时 Brunell 等（2008）在研究中也发现无领导小组讨论的领导者大多数都是自恋者。

4. 影响自恋型领导的环境因素

当社会环境面临严峻的政治、经济、技术危机或其他社会不稳定因素的危机时，组织需要一个极度自信的人来通过豪言壮语安抚组织成员，并承诺可以带领组织走出危机，这正是组织给予自恋型领导崭露头角的机会，也正是他们所需要展现的舞台（Rosenthal & Pittinsky，2006；Padilla et al.，2007）。在社会处于危难动荡的时期（战争、民族团体暴乱和经济萧条等），自恋者的个人领导魅力以及表演天赋，使得自恋型领导在组织中更能起到团结组织的重要作用（Post，2004）。面对逆境时领导能让员工坚定立场并且能够暂时说服他们去克服困难（Maccoby，2007），但 King（2007）认为自恋型领导只是对危机快速反应，但是最终因为无能无法处理危机。

表 2—4 自恋型领导的影响因素

影响因素	作者	时间	研究结论
特质因素	Hoffman et al.	2011	活力、支配力、自信、魅力等特质与自恋密切相关，均影响领导效能
	Paunonen et al.; Brunell et al.	2006 2008	自恋者成为领导者的原因是具有自恋特质的领导者与自信、自大及自尊等要素都高度相关
	Oltmanns et al.; Miller & Campbell	2004 2008	自恋与外向性高度相关

影响因素	作者	时间	研究结论
文化因素	Maccoby	2000	媒体时代的宣传使越来越多的CEO成为大众明星，更易自恋
	Foster	2003	个人主义与自恋显著相关，崇尚个人主义的个体比其他个体有更显著的自恋水平
	Hornett Fredericks	2005	自恋会影响组织伦理目标和愿景实现
	Blair	2008	自恋者在低伦理要求的组织中更容易走向领导岗位
	Duchon & Burns	2008	组织的个人主义文化易滋生自恋者
结构因素	Padilla et al.	2007	缺乏监督机制及控制严厉的组织使领导者更易扩大自己的影响力，更以能者自居的态度处理工作
	Maccoby	2007	由于组织结构的因素，管理者对信息的把控和对权力的掌握更容易操控员工
	Paulhus; Oltmanns	1998 2003	自恋型领导在组织初建期会很受欢迎
	Brunell et al.	2008	在无领导小组讨论中，领导者大多数是自恋者
环境因素	Post	2004	自恋型领导在处于危难或动荡时期的组织中更能起到团结组织的重要作用
	Rosenthal & Pittinsky; Padilla et al.	2006 2007	在面临危机或社会不稳定因素时组织急需自恋型领导带领组织走出危机
	Maccoby	2007	当组织面对逆境时，自恋型领导能让员工坚定立场并且能够暂时说服他们去克服困难

（四）自恋型领导的负面影响研究

通过对自恋型领导的负面影响文献的整理，将其归纳为对员工的影响和对组织的影响两个方面，见表2—5。

1. 对员工的影响

自恋概念被引入领导学领域伊始，自恋型领导有效性受到

不同学者质疑，有研究认为自恋型领导是一种毒性领导方式
（Aboramadan，2020；Ouimet，2010），对员工的自我认知、绩
效和工作满意度会产生消极影响。早期 Ketsde Vries（1993）研
究自恋时，就提出了自恋型领导非道德的一面。Raskin 等（1991）
提出了一个自恋者自尊管理模型，认为自恋分别与敌意、自我
夸大、支配欲显著正相关。Rodewalt 和 Morf（1998）发现在
自恋与敌意之间有显著正相关。Maccoby（2004）指出自恋型
领导缺乏耐心，不愿意倾听和接受下属对失败的意见，反过来
还会去指责下属。Blickle 等（2006）探讨了自恋与白领犯罪的
倾向之间的关系，验证了自恋与非道德行为相关（Gladwell，
2002；Zvi，2021）。为了应对负面的反馈，自恋者会贬损他
人帮助维持他们的自尊，并会以"相对侮辱来说异常高水平
的侵略"去回应侮辱（Bushman & Baumeister，1998；Cain&
Boussi，2020；Kernis & Sun，1994；Morf & Rhodewalt，1993；
Williams，2018）。Rosenthal 和 Pittinsky（2006）认为自恋型领
导感觉比他或她的下属要优秀，很难对下属表现出信任，当任务
失败时会指责和批评下属。自恋型领导为了强化个人需求而滥
用权力，欺凌、压迫并降低下属的自我认知和幸福感，严重时
会导致组织的崩溃及瓦解（Benson & Hogan，2008；Nevicka &
Barbara et al.，2018）。

2. 对组织的影响

自恋型领导除了会引发对员工行为的负面影响，同时也会引
发对组织的负面影响。Post（1993）指出任何一种组织中的负面
行为都将威胁到组织的利益，特别是自恋型领导会极大地威胁到

组织利益。结合黄攸立和李璐（2014）与仵凤清和高林（2014）对自恋型领导影响效果方面的整合，自恋型领导对组织的负面影响主要包括在风险决策、毒性组织文化、领导效能三个方面的负面影响。

（1）风险决策。在领导学研究领域中，学者们都会关注管理者自恋的态度影响风险决策的态度（Chatterjee & Hambrick，2007；Lin & Han et al.，2018）。领导者决策是领导的核心职能之一，由于自恋者的心理机制，自恋者是大胆、冒险的改革派，通过这样的手段获取关注，且不信任他人（Khoury & Juliana，2021；Maccoby，2000），很容易做出非理性决策。Rosenthal 和 Pittinsky（2006）也指出自恋型领导抵制下属意见，容易独断专行。Chatterjee 和 Hambrick（2007）通过实证研究表明自恋型领导倾向风险决策，进而给组织带来起伏不定的绩效。

（2）毒性组织文化。目前研究自恋型领导对组织文化的影响相关实证研究非常少。Higgs（2009）研究自恋在负面领导行为中的作用机制，自恋型领导很可能在组织中欺凌下属，对同事以及员工缺乏同情心（Goldman，2006；Sedikides，2017），酝酿了毒性的组织文化（Hogan et al.，1994）。此外，Judge 等（2006）指出自恋型领导对待下属时，难与下属建立和谐的人际关系，进而营造出不良的工作氛围。Benson 和 Hogan（2008）也认为自恋型领导不利于建立相互信任的文化。自恋型领导不接受负面反馈，不利于组织形成可持续绩效改进的氛围（Campbell，2009；Wu & Wenqing et al.，2019）。

（3）领导效能。自恋与领导力的相关研究，最早起源于
Ketsde Vires 和 Miller（1985）的研究，他们是从下属关系视角
研究自恋与领导力，并指出自恋是获得领导地位背后的驱动力。
Kohut（1971）在分析领导角色时，也提到当领导者具有绝对自信
的自恋人格时，他会称职地扮演领导者角色。知名企业和政治领
导人的媒体报道表明了自恋和领导力之间负相关关系，但过去对
自恋和领导力关系的实证研究提供了不同的结果，有负相关也有
正相关（Blair et al.，2008；Galvin et al.，2010；Grijalva & Emily et
al.，2015；Judge et al.，2006；Maccoby，2000；Resick & Whitman
et al.，2009；Rosenthal & Pittinsky，2006）。由于自恋型领导
对组织的众多危害，让自恋型领导者背上管理不善的名号，
管理者的个人绩效以及诚信排名都很低（Blair et al.，2008；
O'Reilly & Charles，2020），并且不接受负面反馈，进而影响领
导效能（Campbell & Campbell，2009；Choi & Jae Young，2021）。

表2—5 自恋型领导的负面影响效应

负面影响	作者	时间	研究结论
对员工的负面影响	Raskin et al.	1991	自恋分别与敌意、自我夸大、支配欲显著正相关
	Morf & Rhodewalt；Kernis & Sun；Bushman & Baumeister	1993 1994 1998	为了应对负面的反馈，自恋者会贬损他人帮助维持他们的自尊，并会以"相对侮辱来说异常高水平的侵略"去回应侮辱
	Rodewalt & Morf	1998	自恋与敌意之间有显著正相关
	Maccoby	2004	自恋型领导缺乏耐心，不愿意倾听和接受下属对失败的意见，反过来还会去指责下属

续表

负面影响		作者	时间	研究结论
对员工的负面影响		Rosenthal & Pittinsky	2006	自恋型领导感觉比他或她的下属要优秀，很难对下属表现出信任，当任务失败时会指责和批评下属
		Benson & Hogan	2008	自恋型领导为了强化个人需求而滥用权力，欺凌、压迫并降低下属的自我认知和幸福感，严重时会导致组织的崩溃及瓦解
		Ouimet	2010	对员工的自我认知、绩效和工作满意度会产生消极影响
对组织的负面影响	风险决策	Chatterjee & Hambrick	2007	领导者自恋的态度影响风险决策的态度。自恋型领导倾向风险决策，进而给组织带来起伏不定的绩效
		Maccoby	2000	自恋者是大胆、冒险的改革派，通过这样的手段获取关注，且不信任他人，很容易做出非理性决策
		Rosenthal Pittinsky	2006	自恋型领导抵制下属意见，容易独断专行
	毒性组织文化	Higgs；Goldman；Hogan et al.	2009 2006 1994	自恋型领导很可能在组织中欺凌下属，对同事以及员工缺乏同情心，酝酿了毒性的组织文化
		Judge et al.	2006	自恋型领导难与下属建立和谐的人际关系，进而营造出不良的工作氛围
		Benson & Hogan	2008	自恋型领导不利于建立相互信任的文化
		Campbell	2009	自恋型领导不接受负面反馈，不利于组织形成可持续绩效改进的氛围
	领导效能	Kohut	1971	领导者具有绝对自信的自恋人格时会称职地扮演领导者角色
		Ketsde Vires & Miller	1985	从下属关系视角研究自恋与领导力，并指出自恋是获得领导地位背后的驱动力

负面影响		作者	时间	研究结论
对组织的负面影响	领导效能	Blair et al.；Galvin et al.；Judge et al.；Maccoby；Resick & Whitman et al.; Rosenthal & Pittinsky	2008 2010 2006 2000 2009 2006	对于自恋和领导力关系的实证研究提供了不同的结果，有负相关也有正相关
		Blair et al.；Campbell & Campbell	2008 2009	自恋型领导对组织带来众多危害，个人绩效以及诚信排名都很低，且不接受负面反馈，影响领导效能

二、职业成功的相关研究

(一) 职业成功的概念

近年来，职业相关概念的研究已成为国内外学者重点关注的主题，尤其是对职业成功的研究呈现出"百花齐放、百家争鸣"的局面，但学者们对这些主题的研究有着自己的理解，见表2—6。Thorndike早在1934年出版的《预测职业成功》一书中提出职业成功的概念，他将工作满意度等同于职业成功，认为工作满意度就是其反映个体对工作任务和工作环境等诸多与组织相关的要素的认可度，这一定义是偏主观性的。随着后续学者对这一概念的持续研究，职业成功的内涵得到进一步的扩展，认为职业成功也是个体对职业生涯、晋升机会、工作目标完成情况等方面的满意度（Hall，1976；Morrow，1983；Greenhaus，1990；Kraimer，Maria et al.，2019）。

随着职业成功相关研究的深入和发展，学者们逐渐认识到职业成功的两面性，即包括主观性和客观性，即主观职业成功和客观职业成功。此外，也有学者将职业成功定义为个体在职业生涯中在心理和工作上所获得的相关成果集合。因此，部分学者基于职业成功的二元性，将职业成功分为主观职业成功和客观职业成功（Gattiker & Larwood，1988；Judge et al.，1995；Nabi，1999；Spurk，2019），前者主要从心理感知的角度对工作和职业中获得薪酬、成就、晋升等方面的认可度，这些都是基于自我的期望值的主观判断，它受到个体的年龄、自我标准、职业生涯阶段以及职业价值观等因素的影响。而客观职业成功是以能客观测量、证实的工作相关成果（Greenhaus，1990；Judge，1995；Najam & Usama，2020），主要包括薪酬水平和升迁频次。Nigel Nicholson 进一步研究发现，客观职业成功有两个重要的维度，资源和其他优势条件，共有 6 个指标衡量，分别是地位与头衔、物质成功、威望、社会声誉、知识与技能以及健康与幸福。也有学者将职业成功分为三个维度：薪资、晋升和事业满意度（Dai，Liangtie & Fuhui Song，2016；Seibert，Kraimer & Liden，2001）。而 Michael B. Arthur 等（2005）认为职业成功还应包含时间的概念，它会随着时间的推移而改变，因此，个体会在不同时间节点感受到不同的职业成功。

国内外学者对职业成功这一主题给予大量的关注，但并未就主客观职业成功的内涵、评价标准等达成共识。尤其是主客观职业成功二者之间的关系是什么，存在不少的争论，个体对职业成功的定义是建立在自己所取得的客观成就基础上的，同时，主观职业成功也可以促进客观职业成功，因此，许多研究者主张评估职业成功时应尊重其二元性。基于知识经济和无边界的职业生涯时代特征，本研究认同 Eby 等学者（2003）提出的主观指标（职

业满意度）加上客观指标（组织内外个体的竞争力）作为综合的
职业成功指标。

表 2—6　职业成功的定义

学者	时间	内容
Thorndike	1934	职业成功即工作满意度，即个体对工作任务、工作环境等做出的情感和态度反应
Hall	1976	职业成功是个体对于职业生涯中态度和结果的表现
Morrow	1983	职业成功是对目标完成情况以及晋升机会等的认识
Greenhaus	1990	职业成功是个体对工作的完成或目标的实现的预期或估计
Hunt; Gattiker & Larwood ；Judge et al. ；Nabi	1986 1988 1995 1999	职业成功包括客观职业成功和主观职业成功
Seibert & Kraimer	1999	一个人在职业生涯发展过程中所累积的积极的心理感受或是与工作有关的成果
Seibert, Kraimer & Liden	2001	从主客观的角度出发，将职业成功分为薪资、晋升和事业满意
Eby et al.	2003	员工的职业满意度以及感受到的组织内外的竞争力
Hall & Chandler	2005	是一种心理意义感受，来源于客观的职业生涯结果，但又受个体认知评价模式的影响
Nigel Nicholson	2005	地位和头衔（等级位置），物质成功（财富、财产、收入能力），社会声誉与尊敬、威望、影响力，知识与技能，友谊、社交网络，健康与幸福
Michael B. Arthur et al.	2005	职业成功会随着时间的推移而改变，个体会在不同的时间节点上获得不同的职业成功
周文霞	2010	个体所累积起来的积极的、与工作相关的成果或心理上的成就感，它由客观和主观两部分构成

（二）职业成功的测量

研究表明职业成功由主客观两个维度构成，主观职业成功的测量指标主要构成由工作满意度扩展到职业满意度，而客观职业成功测量指标则由薪酬、职位、晋升及机会、收入水平等一系列能具体测量的指标构成。

有关主观职业成功量表学者们多采用 Greenhaus 开发的 5 个题项职业满意度问卷，其中题项"我对目前职业生涯的成就感到满意"，该量表采取李克特五点计分法，5 代表"非常不满意"，1 代表"非常满意"，量表 α 系数通过大量研究证实在 0.8 以上。此外，还有 6 个题项测职业满意度的主观职业成功量表 MSQ（Minnesota Satisfaction Questionnaire）也得到学者的认可，Turban 和 Dougherty 开发的 4 个题项的量表也成为学者们常用的测评主观职业成功的量表。Jack 等学者尝试从个体的薪酬福利以及共事对象的满意度评定个体的职业成功。而国内的相关研究开展较晚，但也取得一定的成果。如我国学者周文霞在国外主客观职业成功的构念下，结合中国的组织情境因素，将职业成功划分成三个维度：外在报酬、内在满足与和谐平衡。蒋建荣等（2005）依据评价主体的不同，将其分为自我、家庭、企业以及社会评价四个方面。

伴随着无边界职业生涯的到来，个体的职业发展呈现出流动的常态，组织与组织间、组织内部流动越来越频繁，因此以往的职业成功评判标准也出现了变化，个体的就业能力成为新评价体系中的指标。根据 Eby（2003）提出的职业成功的三个维度可知，就业能力即为组织内和组织外的职业竞争力以及个体的职业满意度。其中组织内外的职业竞争力主要是测量个体的客观职业成功，其特点具有动态性和可比性，在一定程度上避免了传统标准的弊端，得到许多学者的认可和采纳。

不同学者开发的职业成功测量量表如表2—7所示。

表2—7 职业成功的测量量表

作者	题项
Gattiker & Larwood	共10个题项，具体为：收入成功（4个），人际成功（3个），职位成功（3个）
Berrin	共6个题项：职业满意度（6个）
Greenhaus	共5个题项：职业满意度（5个）
Turban & Dougherty	共4个题项：主观职业成功（4个）
Eby	共11个题项：组织内职业竞争力（3个）、组织外职业竞争力（3个）和职业满意度（5个）

（三）职业成功的影响因素研究

回溯以往职业成功的文献发现，职业成功主要受四个方面的影响：人口统计学因素、个体因素、组织因素以及人力资本与社会资本，见表2—8。

1. 人口统计学因素

人口统计学因素一直是职业成功主题的关注要素，它与其他因素相比较，更能反映出个体职业生涯差异（Clarke & Marilyn，2018；Gattiker & Larwood，1988）。其中年龄的变化与个体客观职业成功的相关性较高（Cox，1991；王忠军，2006；牛爽，2008；Walsh & Lisa，2018）。性别也是显著影响个体职业成功的因素，有学者指出男性与女性对于职业成功的理解是不同的，选择的标准也是不一样的，男性更关注客观职业成功（如金钱、地位、晋升机会等），而女性更多关注与工作相关的成就感、同事之间的关系等要素（Konrad，2000；Holmberg，2018）。同时女性较男性来说，家庭比工作更重要，女性的职业高原现象比男性更突出。同样婚姻状况也是影响职业成功的因素，部分学者验证了婚姻状况对职业成功的影响，其中婚姻状况负向影响个体的客观职业成功（Guan & Yanjun et al.，2019；Pfeffer，1982；王忠军，2006）。我国学者周文霞（2006）研究发现，人口统计学变量在职业满意度方面差异不显著，在晋升和薪水方面显著。

2. 人力资本与社会资本

人力资本也是职业成功主题的关注要素之一，它主要包含教育程度、工作年限以及工作经验等要素，其对薪酬福利、职业满意度等诸多方面有着积极的影响。许多学者在研究职业成功的影响因素中发现，人力资本对个体的薪酬水平、晋升有着显著的影响，其中工作时长、教育水平、政治性知识与技能与职业满意度显著正相关（Di Fabio et al.，2018；Annamaria NG，2005；龙立荣，2009）。同时，Hassan 等人通过实证研究认为人力资本中的教育水平、工作投入、工作经验和工作的时间与职业生涯成功呈正相关的关系。Sandy 等学者通过调研美国的大型企业，进一步证实了人力资本变量中的职位任期和培训能显著预测职业成功。此外，Useem 和 Karabel（1986）探讨了学校对于个体职业成功的作用，具体来说：一是学校提供了必备的专业知识；二是学校提供了一定的社会资本（包括人际关系）；三是学校为学生提供了一定市场认可度。Judge（2002）的研究发现，学校的声誉与员工的薪酬水平成正比，工作经验与晋升机会成正比，进一步证实了人力资本与职业成功的关系。我国学者周文霞认为人力资本变量对职业成功两个维度的影响是存在差异的，其对客观职业成功影响更为显著。

同样，部分学者也探讨了社会资本对职业成功的影响，发现社会资本主要通过社会资源与网络影响个体获取信息、机会以及资源等职业相关要素，进而影响个体的职业成功（Crane & Bret，2019；Seibert，2001）。我国学者研究也发现社会资本影响员工的职业成功（王忠军，2006），下属感知到的领导支持会激发员工对职业发展的信心，影响员工的职业成功（张娜，2013）。众多的研究表明，组织中的上下级关系（Tanner & Grit，2016；李太，2013）和师徒关系（Eby et al.，2020；韩翼等，2012；Allen et al.，2008）的质量会影响员工在组织中可以获得的资源和支持，也会影响员工对职业发展的信心，进而影响员工的职业成功。

3. 组织因素

学者们的研究指出，组织的职业生涯管理措施及组织规模是影响员工职业成功的重要组织因素。西方学者 Pfeffer（1991）研究认为，组织规模影响员工的职业发展主要是通过影响工资福利水平、员工业绩、离职意向等方面来实现的。在后来学者的研究中，发现规模小的绩优组织员工的普遍工资水平更高，但任职较大规模的组织管理层工资水平更高，同时该组织的晋升机会会更多（Amis & John et al.，2020；Judge et al.，2004）。Whitely 等（1991）持有相反的观点，认为规模大的组织竞争更激烈，员工并不能得到更多的发展机会。Orpen（1994）在自己的研究指出职业生涯管理措施显著地正向影响员工的职业成功，尤其是以导师制为主要管理措施的组织中，员工更容易实现自我的职业成功（Dreher & Ash，1990；Burke，1994；Spurk & Daniel et al.，2019）。当然也存在其他的组织因素，如个体与组织、工作、环境等要素的匹配度，这些因素也是正向影响员工的职业发展（Bibi & Palwasha et al.，2018；Hassan I. Ballout，2007）。管理者的行为和领导风格也会影响下属职业的发展。精神型领导（杨付等，2014）、魅力型领导（刘蓉，2011）、变革型领导（张礼琴，2015）、伦理型领导（魏峰和李然，2016）等积极领导方式有助于员工的职业成功。组织中的导师指导行为也是影响员工职业成功的重要因素（陈诚，2013）。组织支持对员工职业发展的支持力度也影响员工的职业成功（张娜，2013）。

4.个人因素

自个体的个性被引入到职业成功的研究中，个人因素逐渐引起学者们的关注。Judge 等（1999）通过探讨"大五"人格与个体职业成功的关系发现，责任心、神经质以及外倾性与职业成功存在一定的关系，随后研究中实证结果显示责任心与职业成功（主客观）存在显著正相关，神经质与职业成功（主客观）存在显著负相关，外倾性只与客观职业成功正相关，而与主观的职业成功的关系不显著（Boudreau，2001；Seibert，2001；Smidt & Wilfried et al.，2018）。其他学者研究还发现其他个人因素对职业成功存在影响，如个体高内控力有助于在组织中获取高收入与地位（Andrisani，1976；Oyemomi & Oluwafemi et al.，2019）、工作投入度和抱负心与主观职业成功密切相关（Judge，1995；Koekemoer et al.，2019），个体自尊（Kammeyer，2008；Presti & Alessandro et al.，2020）以及自我效能感（刘华芹，2013；Dan & Xin et al.，2018）都会对职业成功产生影响。

表 2—8　职业成功的影响因素 [①]

影响因素	具体因素
人口统计学因素	年龄（Cox & Nkomo，1991；王忠军，2006；牛爽，2008）、性别（Konrad，Corrigall et al.，2000）、婚姻状况（Pfeffer & Ross，1982；王忠军，2006）
人力资本与社会资本	工作年限、教育水平、工作经验、工作中心性、工作时长、组织年限、国际经验、迁移意愿、政治性知识与技能（NG 等，2005）；毕业学校（Useem & Karabel，1986）；教育程度（龙立荣，2010）；网络和社会资源（Seibert，2001）；可动员和接触的社会资本（王忠军，2006）；领导支持感（张娜，2013）；上下级关系质量（李太，2013）；师徒关系质量（韩翼等，2012；Allen et al.，2008）
组织因素	组织规模（Pfeffer，1991；Judge et al.，2004；Whitely et al.，1991）；组织职业生涯管理活动（Orpen，1994）；导师制（Dreher & Ash，1990；Burke，1994）；个人—工作契合、个人—组织契合、个人—文化契合（Ballout，2007）；精神型领导（杨付等，2014）、魅力型领导（刘蓉，2011）、变革型领导（张礼琴，2015）、伦理型领导（魏峰和李然，2016）；导师指导行为（陈诚，2013）；组织支持感（张娜，2013）
个人因素	神经质与责任心（Judge et al.，1999；Boudreau & Boswell，2001；Seibert & Kraimer，2001）；内控能力（Andrisani & Nestel，1976）；工作投入、抱负心（Judge et al.，1995）；个体自尊（Turban 和 Dougherty，1994；Kammeyer-Mueller，2008）；自主性职业态度和自我效能感（刘华芹等，2013）

三、人格特质与领导风格的关系

由于管理者的领导风格会对员工和组织产生深刻的影响，国内外许多学者持续关注领导风格带来的影响效应。领导风格是行为模式的结果，至少可以部分地从领导特质的角度解释行为构成的风格和模式（Brown & Reilly，2009；van Eeden，Cilliers &

---

① 本表是根据相关文献归纳整理后的简要表述。

van Deventer，2008；Zaccaro，2007）。大量的研究探讨了人格
特质和领导风格的关系（Hautala，2006），如有学者利用 Myers-
Briggs Type Indicator（MBTI）、"大五"人格等性格分析工具来
探讨人格特质与领导风格的关系。Hautala（2006）采用 MBTI
为人格测量工具，探讨了变革型领导与领导特质的关系，研究结
论认为自我评价为外向、直觉和感性的人更容易成为变革型领
导，而那些被他人评价为高敏感性的人更容易成为变革型领导。
虽然领导自评和员工评价的结论有差异，但也表明特质和领导风
格具有一定的关联。也有一些研究探讨了人格与以人为中心的领
导风格及以任务为中心的领导风格的关系，结果证实了外向、直
觉和以人为中心的领导风格高度相关，而感知和以任务导向的
领导风格相关（Bahreinian，Ahi & Soltani，2012）。基于"大五"
人格分析工具，Judge 和 Bono（2000）发现外向性、宜人性人
格特质都与变革型领导行为呈正相关。相关研究的元分析表明，
外倾性、尽责性和开放性与领导风格高度相关（Tudge，Bono，
Ilies & Gerhardt，2002）。其他的研究也发现，外倾性和尽责性
与领导的有效性及人际关系的特点高度相关（DeRue，Nahrgang，
Wellan & Huphrey，2011）。Kaiser 和 Hogan（2011）的研究结论
表明，结果显示外向性、宜人性、神经质与强有力且能干的领导
呈正相关，责任感和操作型领导正相关，开放性与战略型领导风
格正相关（Kaiser & Hogan，2011）。基于上述研究，人格特质和
领导风格具有较强的关系，领导的人格特质在如毒性领导风格或
破坏性领导风格中发挥着重要作用，领导的人格特质也能预测领
导的有效性。

关于领导的黑暗人格特质如自恋、马基雅维利主义、变态等，已吸引了众多人格心理学和领导学领域学者的兴趣。过去几年来公开发表的文章证明了自恋在组织研究领域是一个越来越热门的话题（Galvin，Waldman & Balthazard，2010；Harms，Spain & Hannah，2011；Nevicka，Ten Velden，DeHoogh & Van Vianen，2011b；O'Boyle，Forsyth，Banks & McDaniel，2012；Peterson，Galvin & Lange，2012）。这些研究已经通过建立自恋和工作场所成果的关系，尤其是与领导力的关系，证明了自恋的重要性。自恋作为三种黑暗人格之一，Maccoby（2000）认为，领导的自恋会导致负面的领导行为。研究表明，自恋是领导出现的一个预测变量（Brunell et al.，2008），自恋者很自然地被吸引到领导岗位（Campbell & Campbell，2009）。当领导者的自恋水平表现为病理性的趋势时，就会带来许多问题，如领导效能降低、攻击性行为、辱虐管理等负面结果。尤其是当自恋的领导处于自尊受威胁的处境时，自恋特质的破坏性就会出现。一般来说，自恋被认为是一种破坏性领导特质（Godkin & Allcorn，2011），一些学者尝试探讨破坏性领导特质对员工态度和工作承诺的影响（Schaubroeck，Wabumbwa，Ganster & Keepes，2007；Griffin & OLeary Kelly，2004；Susan Shurden，2014），如领导自恋与领导成员关系、控制焦点及员工满意度的关系，认为领导的自恋与员工满意度呈负相关，领导成员交换及控制焦点起中介作用。自恋人格也被视为组织中能力与头衔不匹配的原因，而且近50%的管理者越轨行为被发现与管理者的自恋人格特质有关（R. Hogan & Sinclair，1997）。Brian J. Hoffman 等（2013）认为，在高道德组织情境下，员工会认为领导的自恋会引发不道德领导和低效领导的感知。

四、领导风格与员工职业成功的关系

管理者作为组织的代理人，在日常工作中与下属进行互动时，正式或非正式地代表组织行使工作权力与职责，实际上拥有着指导下属、评估下属绩效产出的权限，对下属员工的职业成功有直接的影响。Cappelli（2000）和 Hussami（2018）的研究认为，职业成功是员工加入组织最重视的因素，职业成功不仅关系到组织成员的职业成长，更关系到组织的绩效与产能。大量领导学领域的相关研究表明，领导的有效性正向影响组织绩效、员工的行为及工作态度，因此，领导者领导方式的有效性越来越受到理论界和企业界的关注。关于领导风格与员工职业成功的关系，国内外学者也做了一定的研究，从不同角度探究领导风格对员工职业成功的影响。魏峰和李然（2016）运用社会学习理论和领导替代理论，探讨了伦理型领导和核心自我评价对职业成功的影响，研究结论表明伦理型领导方式有助于培养下属的核心自我评价，进而帮助下属取得职业成功。杨付等（2014）以内在激励理论为基础，探讨了精神型领导对员工职业发展的影响路径和边界条件，研究表明精神型领导通过激发下属的战略共识，对员工的职业发展起积极正向的影响。唐春勇和刘蓉（2015）基于领导—部属交换理论及社会学习理论，探讨并验证了魅力型领导与员工职业成功的关系，认为魅力型领导会增加心理授权和上级支持感知，进而会促进下属的职业成功。张礼琴（2015）以高校 MBA 学员为对象，以纸质问卷和网络调研相结合的方式，探索了变革型领导与下属职业成功的关系，结论表明，魅力型领导通过增加领导成员交换质量和员工心理资本的方式，促进员工的职业成功。

领导风格一般来说可以分为建设性领导风格和破坏性领导风格（Einrasen，2007；Fors Brandebo，2019），然而，目前学者较多从建设性领导风格的视角，如魅力型领导、变革型领导、精神型领导等探讨领导风格对员工职业成功的影响机制，较少有研究从破坏性领导风格的角度出发，研究其对员工职业成功的影响。由于破坏性领导风格会给组织和员工带来巨大的负面影响，破坏性领导风格日益引起组织行为和领导学领域学者的高度关注。破坏性领导主要包括虚假型领导、专横型领导、自由放任型领导、剥削型领导、主动回避型领导、失败型领导等。当前，关于破坏性领导的研究主要聚焦于对员工和组织的破坏性影响，如破坏性领导可能会削弱员工的工作满意度、上下级关系、工作动机或者福利，对组织的负面影响体现在可能会降低组织的绩效、伤害组织的任务、资源或者成就。由于认识到破坏性领导的复杂性，众多研究者设法探究环境和个人因素如何激发领导的破坏性行为（Brender，2019；Mumford，Espejo，Hunter，Bedell-Avers，Eubanks & Connelly，2007），也有学者探讨任务特征和破坏性领导的相互影响（Harris，Kacmar & Zivnuska，2007；Kammerlander，Nadineet et al.，2018；Schaubroeck，Walumbwa，Ganster & Kepes，2007）。

第二节　本研究的理论基础

本研究重点关注在中国组织情境下影响自恋型领导形成的组织特征因素以及从人格特质视角探索领导的自恋型领导风格对员工职业成功的影响，并基于智能职业生涯理论研究分析自恋型领导如何通过不同的路径影响员工的职业发展结果，同时探索影响自恋型领导效能的情境变量是什么，最终为组织和管理者更好地提高组织绩效和促进员工职业成功提供解决对策。本研究的基础理论主要包含人格特质理论、智能职业生涯理论、社会认知职业理论、生涯建构理论等。

一、人格特质理论

（一）人格特质的概念

关于人格特质的概念，国内外的学者由于研究视角、研究方法及选取的样本数据不同，对人格特质的理解和表述也有所不同。表 2—9 列举了中外人格特质研究领域中专家们对于人格的一些定义。

表 2—9　不同学者提出的人格特质概念

学者	概念内容
Allport（1936）	人格是决定个体行为、想法的独特性的驱动因素，是个体内心理系统的动力组织

续表

学者	概念内容
Cartel (1957)	人格是一种相对持久的反应倾向，分为表面特质和根源特质：表面特质随环境变化而变化，而根源特质是相对稳定的人格因素，且通过表面特质表现。通过人格特质可以预测个体在一定环境中的行为特点
Eysenck (1994)	个体的性格、思维、气质等稳定且持久的特征就是其独特的人格特质，受环境等外部条件的影响，包括内外向、精神稳定和神经质三类人格
Carl Jung (1921)	把人格分为内倾和外倾两种，主张把人格分为意识、个人无意识和集体无意识三层。具体包括外倾思维型、内倾思维型、外倾情感型、内倾情感型、外倾感觉型、内倾感觉型、外倾直觉型、内倾直觉型
杨国枢 (1971)	个体与其所属环境相互作用后所形成的特殊的一种内在组织，此种内在组织一般不会轻易变动，且会使个体在面对变化的环境时，在观念、动机、兴趣、态度、外形、价值观念以及气质等方面，都会与其他个体产生不同之处
陈仲庚 (1998)	人格是个体独特的行为倾向，它是一个人在社会化的过程中逐渐形成的一种个人特色，具有相对的连续性和一致性，是人在社会化进程中所历练成的为个体赋予不同特色的内在组织

（二）人格特质的相关理论

当前关于人格特质的理论比较丰富，如 Cartel 提出的人格因素论、Allport 的人格特质论、"大五"人格模型（Big Five Personality）和 Eysenck 的人格结构论。我国学者李本华、杨国枢基于"大五"人格模型进行了本土化研究。"大五"人格模型是目前最普遍也是应用最广泛的用来测量人格特质的工具。我们发现，目前国内外众多的人格特质研究基本上是以"大五"人格模型为主要研究基础，因此，本研究重点介绍"大五"人格模型，尝试在"大五"人格与自恋者的行为特征之间建立一定的联系。

Norman 通过研究归纳总结出的人格特质五因素具体为宜人性、外向性、情绪稳定性、谨慎性及文雅性。而学者 Costa 和 McCare 在 Norman 提出的"五因素"理论基础上进行了更加深入的研究，他们把五种人格特质称为开放性、宜人性、外向性、神经质和尽责性，每个维度都是单独的一个统一体，每个个体都会在这五个维度上有独特的体现，最终形成了现实世界中丰富多样的个体。具体表现如表 2—10 所示。

表 2—10　"大五"人格的各维度及表现

人格特质	维度	具体表现
外向性 Extraversion	热情、乐群性、积极情绪、忙碌、独断性和寻求刺激	积极乐观、爱好交际，友好、自信，更容易交到朋友，同时也会花费更多的时间在人际交往上
神经质 Neuroticism	生气与敌意、焦虑、沮丧、自我意识、脆弱、冲动	表现为焦虑、不安、抑郁、担心、尴尬或愤怒等情绪或心理，缺少良好的自我调节能力、常出现不良情绪或极端想法
宜人性 Agreeableness	信赖、利他、直率、谦逊、顺从和慈善	信任他人、礼貌、有同情心、心地善良和包容他人，乐于合作
尽责性 Conscientiousness	胜任力、条理性、尽责、追求成就、自律、深思熟虑	谨慎、有计划、持之以恒，做事严谨踏实、态度认真负责并且自律性比较好
开放性 Openness	尝新、想象力、感受丰富、审美、价值观和思辨	具有好奇心、想象力和创造性，不拘泥于常规，喜欢并善于独立思考，喜欢尝试新鲜事物

尽管人格特质日益定义为"大五"人格的外倾性、神经质、开放性、尽责性、宜人性，但过去的学者关于自恋型人格并没有进行全面而深入的研究。自恋被视为组织中管理者无能及管理者

越轨行为的来源，McCrae（1994）推测且提供了一个自恋型人格的理论模型，把自恋特质描述为高神经质、高外向性、低开放性、低宜人性、低尽责性。然而，Dean A. Wonneberg（2007）对组织中自恋主义出现的频率和自恋本质进行研究，实证研究的结论却表明，自恋与外倾性及开放性显著正相关，与宜人性显著负相关。

二、智能职业生涯理论

随着工作环境的动态变化，员工的职业发展也进入了无边界职业时代，在此背景下，学者Arthur、Calm及Defillippi在1994年提出了智能职业生涯理论（Intelligence Career），认为智能职业生涯代表个体一种完整的自我意识存在的途径，个人的价值和利益、工作的动机、技能和知识、新的学习目标，以及为职业发展提供支持的组织及个人关系的广度是智能职业概念的所有方面。智能职业生涯理论指出，公司作为一个组织单位，基于公司的企业文化、行业需求及公司的社会网络，会要求员工为应对变化中的环境和雇佣关系而具备相应的职业胜任力。因此，Arthur和Defillippi（1994）首次提出了个体在无边界职业生涯时代下与公司胜任力相匹配的三种方式。职能职业生涯理论指出，个体的职业胜任力是一种累积性知识，它随着时间的推移而逐渐被开发，可以为个体的职业生涯管理服务。具体来说，职业胜任力包括三个方面："知道为什么（Knowing why）"，"知道谁（Knowing whom）"，"知道怎么做（Knowing how）"。

知道为什么（Knowing why）的能力。Derr's（1986）提出的职业成功地回答了我们为什么要从事这项工作。其中包括职业动机、个人意义及认同等。因此，个人的信仰、价值观、认同等是来自公司企业文化且被员工坚持和传递的信息（Barney，1986；Fiol，1991）。Mirvis 和 Hall（1994）认为，人们把他们的工作经验整合成连贯的自我概念，并把适应不断改变的工作能力等同于个体心理上的成功。这种心理上的感知受"知道为什么"的职业能力的影响，可能涉及职业的或非工作的认同或成就，或者包含一些个人利益诉求，如平衡工作和家庭的需求，或从个人工作的本质和内容中获得权力的自由（Bailyn，1993）。

知道怎么样（Knowing how）的能力。也即是如何工作的能力，这项能力是指与职业相关的技能、与工作相关的知识，这项能力强调有助于企业的全部能力的提高。"知道怎么样"的概念与建立个人的知识、技巧和能力（KSA）的想法密切相关。对于个人的"知道怎么样"能力，包含了一个特别的成分，那就是人们寻求和促进工作重新设计，以适应其独特的才华和未来的潜力。

知道谁（Knowing whom）的能力。即认识到我们和谁一起工作，这意味着关系、声誉和职业支持。这项能力是指与职业相关的网络关系，以及人们如何在组织内部沟通的能力。基于企业胜任力视角，该项能力强调三个主要的来自网络活动的好处。第一个，网络关系作为一种资源，可以学习其他公司的独立的专长。第二个，网络关系作为已获得声誉的聚集处，通过它可以促进新的交易的流动。第三个，网络关系作为一种新的学习资源，可以获得新的竞争优势。

三、社会认知职业理论

（一）社会认知职业理论内涵

社会认知职业理论（Social Cognitive Career Theory，SCCT）就是在 Bandura（1986）的一般社会认知理论的理解下形成的职业理论，该理论一经提出便广泛地运用于职业咨询和职业发展实践。社会认知职业理论提供了一个整体的理解框架，将自我效能、结果预期及个人目标三方面结合起来，从社会、心理、经济三因素的角度帮助我们理解职场中个体的职业信念、职业兴趣对职业选择及职业预期目标的影响（高山川和孙时进，2005）。社会认知职业理论认为，个体在职业发展过程中，有三个关于个体的核心变量如自我效能、个人目标及结果预期三者之间是相互影响的。第一个重要的概念是自我效能。个体的自我效能的形成和改变取决于个体的观察学习、过去经验绩效和成绩、个体的状态（包括生理和心理）以及社会劝说等四个方面。第二个核心概念是个人目标。一般来说，个人目标主要包括个体的职业目标和绩效目标两个方面，是个体从事特定工作或取得一定结果的动机和意愿，个人目标决定个体愿意投入工作的程度。第三个核心目标是结果预期。结果预期是个体对行为带来的结果的信念，也就是个体这样做了会有什么结果。这三个变量与个体的背景、学习经验及个人的其他重要特点共同影响个体的职业发展和职业选择，它们是相辅相成的关系。如图 2—1 所示。

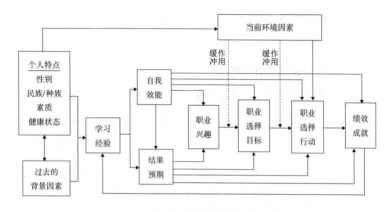

图 2—1　社会认知职业理论的全模式

（二）社会认知职业理论主要研究结论和具体应用

1.社会认知职业理论主要研究结论

基于社会认知职业理论的研究成果主要包含三个方面。第一，社会认知职业理论的核心变量被广泛用于解释职业选择与职业发展的相关问题，尤其以自我效能最受学者们关注。第二，社会认知职业理论的相关假设被学者们通过实证研究加以验证了。如关于职业兴趣的元分析表明，个体的自我效能和职业兴趣的相关系数为 0.59，从总体上来说存在较强的相关关系（Rottinghaus & Larson，2003），而相关文献也得出了个体的能力通过自我效能的中介作用影响个体的职业兴趣的结论（高山川和孙时进，2005；Lent & Brown，1994）。第三，学者们的研究表明，通过干预个体的自我效能及信念，个体的能力直接或间接地对工作绩效或成就产生影响（Lent & Brown，1994）。而关于自我效能的信息来源的元分析表明，个体过去取得的成功或失败（成绩）对自我效能的影响在四种信息来源中最大，而个体的结果预期也能较好地被自我效能预测（Lent & Brown，1994）。

2.社会认知职业理论在职业相关领域中的应用

社会认知职业理论克服了传统理论的局限性，把社会、心理、经济等多种影响因素整合起来，以完整的框架进行动态分析。该理论具有鲜明的特点，如十分重视社会认知变量所起的重要作用，这对过去只注重工作报偿或个体客观能力的传统观念是一种新的突破，该理论的形成表明在职业发展过程中进行干预具有了一定的可能性和策略方法。目前，社会认知职业理论在职业咨询、职业教育等相关领域具有广泛的应用前景，具体的表现为增强职业抱负和兴趣、拓展职业选择的范围、提高工作满意度、提高工作绩效等方面。

四、生涯建构理论

（一）生涯建构理论的内涵

在无边界职业生涯时代，职业发展环境呈现高不确定性，员工的职业生涯模式发生了极大的变化。在此背景下，美国的学者 Mark L. Savickas 在 2002 提出了生涯建构理论，英文为 Career Construction Theory，该理论一经提出就得到了西方职业心理学理论研究与职业辅导实践专家的关注。生涯建构理论可以帮助职场中的个体更好地认识自己，识别并解决职业生涯发展中的各种问题，该理论的实质就是追求主观自我与外在客观世界相互适应的动态建构过程，即是通过自身的工作经历和有意义的职业行为来建立符合自身职业发展的动态过程（Savickas，

2005)。因此，生涯建构理论的哲学内涵比较丰富，包括后现代主义、社会建构主义及个体建构主义。生涯建构理论是基于职业成熟度理论及职业配型理论的基础上提出的基于新的职业发展背景的理论，主要强调个体的职业生涯应该把当前的体验、过去的经历以及对未来的志向和追求综合起来考虑职业选择和发展。

（二）生涯建构理论的相关研究结论

从一般人格结构论获得了启示，学者 Savickas 于 2002 年基于生涯建构理论发展了两个新的理论，即职业人生主题理论和个体—环境匹配理论，后来结合他提出的 16 个探索性命题，把生涯建构理论归纳为三个方面的内容。一是生涯的发展是一个由内动力驱动的动态发展过程；二是个体的特质存在差异；三是在不同的职业发展阶段个体面对的任务及相应的应对方法具有一定的发展性。生涯建构理论的内容，也回答了三个问题，职业人格类型回答了职业行为中"是什么"的问题，职业适应力回答了"怎么样"的问题，人生主题回答了"为什么"的问题（Savickas，2005，2013a）。

1. 职业人格影响职业自我概念

霍兰德的六角模型强调职业兴趣对职业发展的重要影响，而个体—环境心理学强调个体特质的差异，然而，仅仅探讨职业兴趣和个体特质的差异还不够，生涯建构理论认为，个体的生涯建构的过程是私人的、主观的和独特的，因此需深入探讨职业人格带来的影响。一般来说，个体的职业人格包含兴趣、价值观、需要、能力等方面，这些方面也是职业自我概念的重要组成部分，因此，职业人格深刻影响职业自我概念的形成，同时也影响着生涯建构的结果和过程。

2.职业适应力影响职业发展

随着后工业时代的到来，职业边界变得逐渐模糊，职业流动也日益频繁，基于这些特点，学者Super提出用职业适应力替代以前的相关概念成熟度。后来，另一位学者Savichas在Super的基础上对职业适应力的概念、可操作性、理论模型等进行了深入的研究，并产生了一系列的研究成果。Savichas认为，在个体职业发展过程中，个体需要不断适应职业的变化过程，即职业适应力关注的是个体与环境之间的各种转换和相互匹配，这些任务或角色的转换包括多个方面，如个体从学校毕业到职场的转换，或者是同一行业的一份工作转换到另一份工作，或是不同职业之间的转换，因此，职业适应力影响个体的职业发展。

3.职业生涯的动态发展是人生主题

每个个体进入职场之后，都面临未来的职业发展方向问题，即未来要何去何从。在构建生涯发展方向时，需要明确个人的人生主题。然而，职业的发展是动态变化的，因此，人生主题理论强调建立关联来整合个体的主客观世界，为了适应职业的动态变化并实现职业发展目标，需要个体根据自身的工作体验来实现自我价值。

第三节 文献述评

一、中国组织情境下自恋型领导的影响因素研究成果比较缺乏

领导行为的产生和领导风格的形成，并不是发生在真空中，而是依赖于一定的环境和情境（马新建和刘海霞，2006）。因此，研究自恋型领导对员工职业成功的影响机制，必须更深刻地理解在中国组织情境下自恋型领导风格是如何形成的，会受哪些中国组织特征因素的影响？我国学者在对国内外自恋型领导相关研究进行综述中表明，自恋型领导的影响因素十分复杂，不仅仅受个体特质因素的影响，还受其他众多因素的影响，如环境因素、文化因素、结构因素等的影响（廖建桥等，2016；黄攸立和李璐，2014；仵凤清和高林，2014），然而，这些结论是西方学者在西方组织情境下得出的结论，因此，我们需要进一步思考的是，除了人格特质的普遍适应性，其他影响因素在中国组织情境下是否也具有适应性？针对中国组织情境下的环境因素、文化因素和结构因素，会得出什么样的结论？因此，我们需要进一步探讨自恋型领导的影响因素，尤其是分析我国情境下的组织特征因素如何影响自恋型领导风格的形成。

二、自恋与领导风格及领导效能的关系仍需要深入探讨

虽然目前众多的研究探讨了自恋与领导风格及领导效能的关系，但目前关于自恋与领导关系的结论还不是十分清晰，究竟是

积极正面的关系还是消极负面的关系，以及在什么情境下是积极关系，什么情境下是消极关系，即这种关系的情境变量还缺乏深入的探讨。此外，我们发现，不管自恋与领导之间是积极的还是消极的关系，这些结论大多都是基于西方文化背景下得出的，也就是这些研究大多数是在西方的组织情境中进行研究的。以我国组织情境为基础对自恋型领导方式与员工职场结果的实证研究还比较缺乏，因此，迫切需要在中国组织情境下开展相关研究，以进一步揭示自恋与领导风格及领导效能的关系。

三、关于自恋型领导风格与职场远期结果的研究十分匮乏

随着自恋型领导者在组织中日益增多，学者们也在积极探讨自恋型领导带来的职场效应。我国学者黄攸立和李璐（2014）梳理国内外相关研究后认为，自恋型领导具有利己主义、欺骗动机、知识抑制、魅力等典型特征。自恋型领导也被学者们称为"毒性"领导方式（Outmit，2010）。有学者认为，自恋型领导取得的成功越大，其可能造成的破坏也越显著（黄攸立和李璐，2014），如其极端自私的个人需求、自大傲慢及牺牲他人以增强自己的领导风格会给组织和员工带来极大的破坏。然而过去的研究关注较多的是自恋型领导对员工的心理和行为的影响，聚焦的是短期的影响，对于员工长期职业发展的结果缺乏必要的关注，因此，有必要探讨自恋型领导对员工职业成功的影响机制。

四、关于自恋型领导的职场效应研究缺乏整合分析视角

自恋型领导具有多面性和复杂性，自恋型领导在表现出破坏性的同时，也会释放出个人魅力，目前的研究对自恋型领导的积极面和消极面的研究，往往是分开进行的，还缺乏整合的视角，因此，需加强自恋型领导的情境化研究，特别是探讨自恋型领导与员工职业成功的关系时，是负面影响大还是正面影响大以及什么时候表现为负面影响、什么时候表现为正面影响，这些问题都值得深入探讨。

本章小结

本章介绍了自恋、自恋型领导、职业成功的定义、内涵、测量、影响因素及影响效应，也梳理和归纳了自恋与领导风格、领导效能的关系，领导风格与职业成功的关系，介绍了人格特质理论、智能职业生涯理论、生涯建构理论、社会认知职业理论等，总结了现有研究的不足，为后面章节深入研究自恋型领导的影响因素、自恋型领导与员工职业成功的关系提供了清晰的研究方向。

第三章 中国组织情境下自恋型领导的影响因素研究

领导行为的产生和领导风格的形成，并不是发生在真空中，而是依赖于一定的组织环境和情境（马新建和刘海霞，2006）。因此，研究自恋型领导对员工的影响机制，必须更深刻的理解在中国组织情境下自恋型领导风格是如何形成的，会受哪些中国组织特征因素的影响。关于自恋型领导的综述研究表明，自恋型领导的影响因素十分复杂，不仅受个体特质因素的影响，还受其他众多因素的影响，如环境因素、文化因素、结构因素等的影响（廖建桥等，2016；黄攸立和李璐，2014；仟凤清和高林，2014）。然而，这些结论是西方学者在西方组织情境下得出的结论，因此，我们需要进一步思考的是，除了特质的普遍适应性，其他影响因素在中国组织情境下是否也具有适应性？针对中国组织情境下的环境因素、文化因素和结构因素，会得出什么样的结论？因此，我们需要进一步探讨自恋型领导的影响因素，分析中国组织特征因素如何影响自恋型领导风格的形成。

根据权变领导理论，管理者领导风格的形成与组织环境密切相关（马新建和刘海霞，2006）。而性质不同的企业，在管理机制和组织氛围方面存在极大的差异（洪雁，2012），因此，本研究认为，企业性质可能是影响自恋型领导风格形成的一个重要的管理情境因素。目前，我国主要存在国有企业、外资企业和民营企业三种不同性质的企业。其中，国有企业是我国传统企业，虽然已经改制，但仍然占我国经济较大的比重，成长中的国有企业具有独特的管理机制、办事方式和组织氛围。这种强调威权和官僚的国有企业的组织环境会不会有助于管理者自恋型领导风格的形成？与国有企业的相对僵化和官僚作风相比，民营企业普遍强调效率和灵活性，外资企业则强调流程和规则及高效，因此，国有企业和非国有企业，对自恋型领导风格产生的影响是不是有所不同？

Foster 在 2003 年的研究中最早揭示了文化因素对自恋型领导的影响，并认为区域因素和组织文化因素对自恋型领导的产生会有显著的影响。其在探讨文化因素对自恋型领导的作用时，特别指出个体主义文化对推动管理者自恋型领导风格的形成具有积极的作用，组织环境越是推崇个体主义文化，个体的自恋水平越高，管理者就越易形成自恋的领导风格。值得关注的是，在当前的中国组织情境中，随着东西方文化的融合，个体主义文化逐渐在我国组织中盛行，这种个体主义的蔓延和盛行，会不会推动自恋型领导风格在中国组织情境的形成，至今还没有学者进行过探讨，因此，我们试图探讨个体主义文化与自恋型领导之间的内在逻辑关系。

Padilla 等（2007）研究认为，组织中的一些结构因素，例如组织结构的设置对管理者的行政行为缺乏监督或对信息的处理严重的不透明，会助长管理者的自恋行为，为管理者自恋型领导方式的成长提供条件，因此，组织中的管理者，尤其是有自恋倾向的管理者能够在这样的组织制度中持续不断地提高自己的影响力。一方面，从结构因素的角度来看，缺乏制度化的组织无法有效地限制自恋型领导的特权；另一方面，信息传播不通畅也将阻碍组织成员对自恋型领导的权力运用进行准确评价，无法对管理者的自恋行为进行有效的监督。因此，我们有必要探讨组织的集权程度对管理者自恋型领导风格的影响。

　　基于上述理论探讨，本章的研究目的是探讨企业性质、个体主义氛围、组织集权对自恋型领导的影响，揭示中国组织特征因素对自恋型领导的影响。研究模型如图3—1所示。

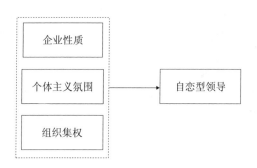

图3—1　组织特征因素对自恋型领导的影响模型图

第一节　研究假设

一、企业性质与自恋型领导

权变领导理论指出，领导风格和管理情境密切相关，管理实践必须和环境相匹配（马新建和刘海霞，2006）。因此，自恋型领导风格的形成和组织情境密不可分。Vigoda（2000）研究认为，在不同的组织中，组织文化和组织氛围存在极大的差异。我们认为，不同性质的企业，由于企业体制和组织特征的不同，产生的管理机制和组织氛围也不同，对管理者自恋型领导风格的影响也存在不同程度的差异。

改革开放四十多年，我国企业的形态也发生了巨大的变化。改革开放之前，基本上是由国有企业一统天下，私营经济还未得到应有的重视和发展。随着改革开放春风的吹来，私营经济得到较大的发展，一大批民营企业和外资企业开始涌现。与此同时，国有企业①也在逐渐发生变化，部分国企开始转制成民营所有，但大部分国企由国家完全所有变成国家控股。国家所有或控股的属性，使得国有企业在一定程度上扭曲了资源配置，使效率难以达到最大化。同时，国有企业常常要完成政府的指示，如企业要完成政府的社会稳定和实现就业的社会目标或政治目标，因此，国有企业追求的目标就不仅是公司价值最大化。相反的是，民营企业或外资企业的管理层受到来自企业内部以及市场的激励和监督明显高于国有企业。因此，企业目标的不同，企业的内部管理机制和价值导向会产生巨大的差异。

虽然国有企业改革进行了这么多年，部分国有企业建立了现代企业制度，但国有企业长期积淀形成的"领导特权""官本位"的官僚思想和作风，在国有企业中仍然十分常见，国有企业内部

---

① 本书所指的国有企业指由国家的中央政府或地方政府投资参与控制的企业。

的权力距离较大，管理者比较强调个人的权威和高高在上的领导地位（陈译凡等，2021）。因此，在这种组织环境下，管理者会产生自我感觉良好的心理和一定程度的优越感，下属习惯于上级的发号施令，对上级的各种要求也会盲目听从，容易滋生管理者的自我迷恋，进而会促进自恋型领导风格的形成。由于企业目标和性质不同，民营企业和外资企业的产权归私人所有，因此形成的企业管理模式和组织氛围与国有企业有鲜明的区别。尤其是外资企业，其内部管理制度相对规范和完备，权力距离较小，领导不存在所谓的特权，下属和上级之间的交往基本上按照组织制度和规范进行。民营企业的管理者往往具有较强的办事能力和巨大的个人魅力，往往采用家长式的领导方式，虽然公司的高层权力较大，但是民营企业往往强调灵活性，管理者并不迷恋权力，而是着眼于解决问题和提高企业效益。因此，国有企业和非国有企业的组织环境相比，国有企业更容易诱发管理者产生自恋型领导风格。

基于以上分析，本研究提出如下假设：

假设 1：相比于非国有企业，国有企业更容易诱发管理者产生自恋型领导风格。

二、个体主义氛围与自恋型领导

1980 年学者 Hofstede 将个体主义—集体主义作为文化维度来衡量不同文化背景下人们的价值观，得到了众多学者的认同（Hamamura & Du，2013；Hofstede，1980）。西方学者 Triandis 和 Gelfand（1998）在研究个体主义价值观时，认为个体主义价值观具有两个方面的含义，一方面是横向个体主义，重视社会平等性和自我独特性；另一方面是纵向个体主义，指个体强调通过竞争、获得成就以达到与他人的不同。我国学者苏红和任孝鹏（2013）在分析和归纳不同学者提出的价值观模型后，认为个体主义价值观的核心是个人主义，强调个人的独特性、控制感、能力以及个人目标等。综合国内外学者的观点，本研究认为个体主义强调自我、目标和竞争，以个体为中心的一种价值观。个体主义得分不同的人在认知、动机以及情绪等方面存在显著差异（Markus & Kitayama，2010）。

在早期的研究中，学者们得出了中国人具有集体主义价值取向的结论（Francesco & Chen，2004；杨宜音，2008）。然而，关于中国个体独立性代际变迁的相关研究，揭示了中国家长在给下一代取名字时，使用常见名字的比例在下降，这表明，随着社会的发展，新时代的年轻人的独立性逐渐增强。Oyserman 和 Kemmelmeier（2002）的元分析中也得出了类似结论，认为中国个体的集体主义价值观也不断融入了个体主义价值观。我国学者苏红和仟孝鹏（2005）研究认为，新生代个体比以往更具有个体主义、更注重个体的独立性，这是和中国经济的快速增长密切相关。同时，随着经济全球化和经济一体化的深化，具有不同文化背景的个体也出现这一趋势，变得越来越重视自主性和独立性。如有研究表明，在美国和中国两种完全不同的文化背景下，个体主义均呈现逐渐增强的趋势，这表明，虽然个体处于不同国家之间，但个体的文化差异变得越来越小，不同的文化逐渐趋于一致（Kashima et al.，2004）。

个体主义者重视个人目标和自我导向（Erez & Nouri，2010），因此，"利己""独立"和"自我"往往是他们区别于他人的标签，个体主义者很难倾听他人的心声，他们更多的是关注自己，将追求自身利益作为行动的出发点。Duchon和Burn（2008）认为现代社会中鼓励个体追求成功、自主和社会名望的个体主义文化成为滋生自恋者的温床。因此，在个体主义浓厚的组织氛围中，个体会表现出强烈的竞争意识，不仅要求确保自己的利益，而且还希望超越他人，以确保自己在组织中的独特性和优越性。掌握权力的管理者受个体主义价值观的驱动和影响，更容易过分关注自我，表现出自我欣赏和自我迷恋。因而，我们认为，组织中的个体主义氛围，容易激发管理者的自恋型领导风格。Foster等（2009）在实证研究中发现，文化对自恋的影响与文化对自尊的影响相似，即个人主义文化的社会自恋更严重。廖建桥等（2016）认为，在我国组织情境下，由于西方个人主义文化价值观的蔓延和盛行，具有自恋型领导风格的管理者越来越多。

基于以上分析，本研究提出如下假设：

假设2：个体主义氛围与管理者的自恋型领导风格正相关。

三、组织集权与自恋型领导

学者们对组织集权的理解源于对组织结构的研究。有学者认为，组织结构集权化是组织结构内涵的三个重要维度之一（Marsden，2003；Vickery，2006）。基于这一点，研究组织结构的学者认为，不同的组织结构会在很大程度上影响组织的任务关系、沟通协调机制、职权范围以及团队互动模式等（Vickery，

2006）。也有学者从静态的视角进行相关研究，认为组织结构是组织设计的一部分，其中包含组织中权力的实施范围和上下级之间的沟通反馈路径等（Alfred D. & Chandler，2002）。我国学者汪惠（2011）认为，组织集权化是指组织的决策权集中在某一个人，单位层级越高，员工参与决策制定的程度就越低。综合不同学者的阐述，我们认为，组织的集权化程度意味着资源和权力的集中程度，在一定程度上影响管理者的行为方式、组织成员的决策参与度及组织内的信息反馈。

我们认为，组织结构的集权化会影响管理者的自恋型领导风格的形成。集权化程度反映组织的决策权集中于管理层的程度。如果集权化程度较高，那么就意味着组织强调决策权力的集中且拥有明显的等级制度，以及缺少正式的向上反馈的渠道。Chen和 Huang（2007）指出组织结构的集权化不利于组织成员间信息流动与共享，特别是变化的、灵活性的信息。过于集权的组织结构不利于促进组织内部信息流动，管理者在内部决策中往往缺少与下属的沟通，组织中的信息将会变得不透明和不对称，组织对管理者的行为难以进行监督，因此，信息的不透明将为管理者自恋领导方式的成长提供条件。此外，高度集权化的组织结构使得管理者处于权力场域的中心位置，比分权化的管理者掌握着更多的资源和权力，可以更容易对他人进行支配（陶厚永等，2008），这种"上令下从"、权力的高度集中不仅会使管理者产生官僚作风，而且易滋生自我膨胀的心理和优越感，从而形成自恋型领导风格。国内许多学者在研究自恋型领导的影响因素时，认为组织结构是影响自恋型领导的关键因素之一（廖建桥等，2016）。

Padilla 等（2007）研究认为，缺乏监督机制和信息透明度为管理者的自恋提供了条件。

基于以上分析，本研究提出如下假设：

假设 3：组织集权程度与管理者的自恋型领导风格正相关。

第二节　研究方法

本研究探讨的是企业性质、个体主义氛围和组织集权对自恋型领导的影响，其中自恋型领导、个体主义氛围和组织集权属于团队变量，因此，本研究属于团队层面研究。鉴于此，我们选择企业的工作团队或部门为对象进行问卷调查，以收集本研究所需数据，通过对采集的数据分析和检验，对本研究的所有假设进行验证。下面将从研究样本、问卷设计和测量等方面对本研究的研究方法进行详细阐述。

一、研究样本

本研究调研的样本主要来自青岛、武汉、深圳、上海等地的 25 家公司，涉及金融服务、石油化工、电子元器件制造、IT 行业等。共发放问卷 519 份，面向 92 个部门或工作团队，剔除缺失题项严重、随意填写及团队成员少于 3 人的团队，最终得到的有效问卷来自 72 个部门或工作团队，共 388 份，有效问卷率为 74.8%。所调查的团队中，平均每个团队约有 5.34 名员工，标准差为 3.13。被试有效样本的特征描述如表 3—1 所示。从团队主管的特征看，男性主管占 72.2%，女性主管占 27.8%；团队主管中，基层管理层者占 36.1%，中层管理层者占 40.3%，高层管理层者占 23.6%；所有被试员工的平均年龄约为 29.11 岁（标准差 =4.42）；员工和上级共事时间 1 年及以内的占 16.8%，1—3 年的占 41.2%，3—5 年的占 30.2%，5—7 年的占 7.7%，7 年以上的占 4.1%；被试来自国有企业的占 30.2%，民营企业的占 41.2%，外资企业的占 28.6%。

表 3—1　有效样本特征统计表

变量名称	类别	频次	百分比（%）
团队主管性别	男	52	72.2
	女	20	27.8
团队主管管理层级	基层	26	36.1
	中层	29	40.3
	高层	17	23.6
团队规模	均值 / 标准差	5.34（M）	3.13（S.D.）
员工年龄	均值 / 标准差	29.11（M）	4.42（S.D.）
上下级共事时间	1 年及以内	65	16.8
	1—3 年	160	41.2
	3—5 年	117	30.2
	5—7 年	30	7.7
	7 年以上	16	4.1
单位性质	国有企业	117	30.2
	民营企业	160	41.2
	外资企业	111	28.6

注：M 代表均值，S.D. 代表标准差。

二、问卷设计与发放程序

本次调研问卷涉及的变量主要包括企业性质、个体主义、组织集权、自恋型领导等变量。企业性质为虚拟变量，"1"表示国有企业，"0"表示非国有企业；其他变量的测量，均以 Likert 五点量表来测量，其中"1"代表"非常不符合"，"5"代表"非常符合"。本次调研的问卷的详细内容见附录 A。

本次调查主要采用纸质问卷进行调研。在调查开始之前，通过社会关系与企业负责人取得联系，通过人力资源经理确定不同企业的部门负责人或团队负责人名单，并一一进行联系，把事先拟定好的调查问卷及注意事项文件一并发送过去。考虑到调查企业较分散，调查团队较多，我们采用委托部门负责人或团队负责人发放纸质问卷的方式开展调研。为了提高采集数据的真实性和有效性，我们通过对调研目的的说明和对个人填答信息保密的承诺，以消除被调研对象的疑虑。考虑到本研究中涉及对上级主管的评价，而且是关于"自恋"比较敏感的字眼，为了消除被调研员工的不安全感，纸质问卷则是通过信封封装的方式，让调研对象填写完了之后用双面胶封好交给部门或团队负责人邮寄回。

三、测量量表

在人力资源管理和领导学领域的权威期刊中，大多数研究变量采用成熟的量表进行测量，主要有两个考虑。首先，成熟的量表在过去的研究中得到了大量专家学者的认可，适用性较好；其次，成熟的量表经过大量实证数据的充分验证，一般来说，具有较好的信度和效度。因此，本研究中的所有变量的测量均采用受国内外充分使用的成熟量表。

为了确保所测变量的题项具有较高的准确性和易读性，我们采用标准的翻译和回译两个步骤。首先，请本专业一位具有海外留学（美国大学）经历的博士，将英文条目翻译成对应的中文。其次，再找一位本专业人力资源研究方向的博士将中文翻译成英文，这两步都是独立完成。最后，组织了一场调研问卷的讨论会，邀请了两位博导（教授）、一位青年教师及三位同领域博士生参与探讨，最终确定问卷的中文版本。

自恋型领导：最早测量自恋特质的方式是采用 NPI（Narcissistic Personality Inventory）人格测验，但考虑到自恋题项的敏感性，采用自我评价报告的方式往往难以得到比较客观的结果。学术界逐渐采用 Robert A. Emmons（1984）编制的 10 个条目的自恋特质测量量表，以下属对上级评价的方式反映上级的自恋。过去的研究表明，该量表测量的结果与 NPI（Narcissistic Personality Inventory）自恋人格的测量结果高度相关。具体题项内容见表 3—2。

表 3—2　自恋型领导的测量量表

编号	题项内容
N1	我的上级希望成为一个好领导
N2	我的上级是自信的
N3	我的上级善于影响他人
N4	我的上级喜欢成为别人关注的焦点

编号	题项内容
N5	我的上级希望每个人都欣赏他 / 她
N6	我的上级喜欢和别人竞争
N7	我的上级过分关注外表
N8	我的上级是自负的、以自我为中心的
N9	我的上级能够自我满足
N10	我的上级对他人漠不关心

企业性质：根据我国企业实际情况和本研究的需要，我们把企业性质分为非国有企业和国有企业两种。在所获得的 72 个调研团队中，来自非国有企业的团队有 46 个，占 63.9%；来自国有企业的团队有 26 个，占 36.1%。为了方便对相关数据进行处理和分析，我们把企业性质列为虚拟变量，其中，国有企业用"1"表示，而非国有企业用"0"表示。

个体主义：个体主义的测量采纳 Triandis 和 Gelfand（1998）的个体主义—集体主义量表中的个体主义量表，该量表包括 4 个题项，具体题项内容见表 3—3。

表 3—3　个体主义的测量量表

编号	题项内容
ID1	我很看重工作要比别人出色
ID2	竞争是自然生存法则
ID3	我经常做自己的事情
ID4	我大部分时间是依靠自己，很少依靠别人

组织集权：本研究采用 Hage 和 Aiken（1967）开发的集权程度量表，该量表被随后的学者们广泛引用（Dewar，Whetten & Boje，1980；Jansen et al.，2006；Jansen et al.，2012），共有 5 个测量题项。具体题项内容见表 3—4。

表 3—4　组织集权的测量量表

编号	题项内容
OC1	除非领导同意，否则员工不会采取任何行动
OC2	如果员工想自己做决定，会很快被他人否定
OC3	即使事情不太重要，也需要级别更高的人做最后决定
OC4	员工在没有请示上级之前，不会擅自行动
OC5	员工大部分的决策需要主管的批准

控制变量：过去关于自恋及自恋型领导的研究表明，个体的性别和所处的管理层级对自恋程度会有一定的影响（廖建桥等，2016；Ng，EBY，Sorensen，et al.，2005），因此，本研究把团队主管的性别、管理层级作为控制变量，以更好地估算假设变量的效应值。此外，性别变量中，男性用"1"表示，女性用"2"表示；管理层级变量中，基层管理者用"1"表示，中层管理者用"2"表示，高层管理者用"3"表示；1 年及以内用"1"表示，1—3 年用"2"表示，3—5 年用"3"表示，5—7 年用"4"表示，7 年以上用"5"表示。

第三节 分析结果

为了检验本研究提出的三个假设，需要对各变量进行信效度分析、同源偏差分析、数据的聚合分析、相关分析和回归分析。

一、变量的信效度分析

本研究主要探讨和检验企业性质、个体主义及组织集权对自恋型领导的影响效应。因此，需要对研究中的变量进行信效度分析。

（一）变量的信度检验

量表的信度（Reliability）是指量表测量结果的稳定性、可靠性和一致性（吴明隆，2010）。一般来说，我们通常用 Cronbach α 系数来表示量表的信度，如果大于 0.7，表明量表的内部一致性可以接受，如果大于 0.8 则说明一致性很好（Nunnally，1978）。这一标准得到了很多社会学研究领域专家学者的认同。本研究中需测量的各相关变量的 Cronbach α 系数如表 3—5 所示。

表 3—5 本研究中各相关变量的信度系数

序号	变量名称	题项数量	Cronbach α 系数
1	自恋型领导	10	0.835
2	个体主义	4	0.893
3	组织集权	5	0.851

由表 3—5 可知，变量的 Cronbach α 系数均大于 0.8，表明各量表均有较好的内部一致性，符合研究要求。

（二）变量的效度检验

量表的效度（Validity）是指量表测量结果的准确性，也即是量表在多大程度上测出构念所反映的内容。本研究主要选择聚合效度和区分效度对量表的效度进行分析。

1. 聚合效度

聚合效度（Convergent Validity）是指不同的测量数据反映同一构念的相关性程度，一般来说，不同的测量分数之间由于反映相同的构念而高度相关（吴明隆，2013），如果因子载荷的路径系数显著且大于 0.5，我们认为是可以接受的聚合效度，如果系数大于 0.7 则表明具有较高的聚合效度。

自恋型领导量表的探索性因子分析。该量表的 KMO 值为 0.803（大于 0.7 表示为良好），这表明自恋型领导的各题项之间存在共同因子。同时，我们获得的自恋型领导构念的 Bartlett's 球形检验的 x^2 值为 763.081，且为 0.00 显著性水平，表明该量表可以进行因子分析。通过抽取特征根大于 1 的因子，结果显示为 1 个因子，累计解释总变异量为 74.89%（大于 50%），各题项的因子载荷在 0.729—0.813 之间，表明自恋型领导量表的各题项具有较高的聚合效度。

个体主义量表的探索性因子分析。该量表的 KMO 值为 0.853（大于 0.7 表示为良好），这表明个体主义的各题项之间存在共同因子。同时，我们获得的个体主义构念的 Bartlett's 球形检验的 x^2 值为 842.274，且为 0.00 显著性水平，表明该量表可以进行因子分析。通过抽取特征根大于 1 的因子，结果显示为 1 个因子，累计解释总变异量为 73.13%（大于 50%），各题项的因子载荷在 0.733—0.862 之间，表明个体主义量表的各题项具有较高的聚合效度。

组织集权量表的探索性因子分析。该量表的 KMO 值为 0.831（大于 0.7 表示为良好），这表明组织集权的各题项之间存在共同因子。同时，我们获得的组织集权构念的 Bartlett's 球形检验的 x^2 值为 1002.31，且为 0.00 显著性水平，表明该量表可以进行因子分析。通过抽取特征根大于 1 的因子，结果显示为 1 个因子，累计解释总变异量为 73.24%（大于 50%），各题项的因子载荷在 0.731—0.818 之间，表明组织集权量表的各题项具有较高的聚合效度。

2. 变量的区分效度检验

本研究采用验证性因子分析来检验个体主义氛围、组织集权、自恋型领导三个变量的区分效度。我们采用 M-Plus7.4 对各量表进行验证性因子分析。根据验证性因子分析的要求，本研究选择了绝对拟合指数和相对拟合指数两类拟合指标。绝对拟合指数，如卡方（x^2）、自由度（df）和近似误差均方根（RMSEA），通过绝对拟合指数的指标，可以评判研究中的理论模型和样本数据的拟合程度；相对拟合指数，如非范拟合指数 TLI（Tucker-Lewis）、比较拟合指数（CFI）和增值拟合指数（IFI），这一类指标主要衡量研究中提出的理论模型和零模型之间的拟合度，结果如表 3—6 所示。

表3—6 测量模型区分效度检验

测量模型	x^2	df	x^2/df	CFI	IFI	TLI	RMSEA
M1：ID；OT；NL	423.121	145	2.918	0.921	0.914	0.906	0.068
M2：ID+OT；NL	541.257	148	3.657	0.884	0.879	0.891	0.109
M3：ID+NL；OT	604.581	148	4.085	0.792	0.831	0.862	0.137
M4：OT+NL；ID	1034.142	152	6.804	0.773	0.824	0.855	0.153
M5：ID+OT+NL	1244.754	153	8.136	0.748	0.766	0.803	0.161

注1：N=388，NL 为自恋型领导，ID 为个体主义，OT 为组织集权，+ 表示合并。

注2：模型 M2 合并自变量个体主义和组织集权；

注3：模型 M3 把自恋型领导和个体主义合并；

注4：模型 M4 把自恋型领导和组织集权合并；

注5：模型 M5 合并所有变量。

从表3—6的分析结果可以看出，三因子测量模型（M1）的拟合指标 $x^2/df=2.918$、CFI =0.921、IFI =0.914、TLI =0.906、RMSEA =0.068，相比其他四个测量模型，三因子模型的卡方与自由度比值 x^2/df 最小且小于3、CFI 值大于0.9、RMSEA 值低于0.08，这表明三因子模型拟合最佳，所有因子载荷均显著（$p < 0.01$），具有较高的区分效度。

二、变量的同源方法偏差分析

本研究中所有变量的测量均由同一调研对象来完成，因此，可能出现同源方法偏差问题。为了尽量避免同源方法偏差问题，我们在采集数据时采用了匿名的方法，虽然如此，但我们仍然认为有必要从检验结果来确认数据的有效性。本书采用 Harman 的单因素方法对同源方法偏差进行检验。首先，构建一个包括本研究所有变量题项的因子。其次，进行探索性因子分析，得到的未旋转的（最大的因子）因子解释方差变异比例为 21.5%，低于总解释方差变异比例 51.7% 的一半，这说明测量数据的稳定性很好，并不会对运行结果产生不良影响。

三、数据的聚合分析

本研究所涉及的变量如自恋型领导、个体主义氛围、组织集权均是以团队数据来分析的。因此，在检验假设时，需要对数据进行均值计算，把由员工个体报告的数据通过聚合成团队层面的数据进行回归分析。然而，员工个体层面的数据能否由团队均值聚合成团队层面的数据，必须对团队内个体的数据进行可信度评价。目前的学者在进行数据的聚合检验时通常采用的判断指标主要包括三个：内部一致性 r_{wg}（with-group agreement）[1]、组内相关系数（1）和组内相关系数（2）。

（一）内部一致性 r_{wg}

内部一致性值 r_{wg} 通常被用来反映团队中的不同成员的评分一致性程度。通常我们先计算每个团队的 r_{wg} 值，然后获得样本中所有团队的 r_{wg} 值的平均值或中值（Hofimann & Stetzer，1998），一般来说，组内一致性值 r_{wg} 的范围在 0 到 1 之间。陈晓萍等（2008）学者认为，r_{wg} 的取值大于 0.7 就满足内部一致性聚

---

[1]　James L.R.，Demaree R.G.，Wolf G.，"Rwg: An Assessment of Within-Group Inter-Rater Agreement"，*Journal of Applied Psychology*，Vol.78，No.2（1993），pp.306–309.

合要求。[①] r_{wg} 的计算公式分为单题项计算公式和多题项计算公式。

单题项 r_{wg} 计算公式：

$$(3.1) \qquad r_{wg(1)} = 1 - (S_x^2 / \sigma_E^2)$$

公式 3.1 中各字母表示的含义：

$r_{wg\,(1)}$ 表示为被试对单一题项的组内一致性，S_x^2 为题项的方差，σ_E^2 为所有被试只受随机误差影响下所期望的分数方差。

多题项 r_{wg} 计算公式：

$$(3.2) \qquad r_{wg(j)} = \frac{J[1 - (\overline{S}_{xj}^2 / \sigma_E^2)]}{J[1 - (\overline{S}_{xj}^2 / \sigma_E^2)] \quad (\overline{S}_{xj}^2 / \sigma_E^2)}$$

公式 3.2 中各字母表示的含义：

$r_{wg\,(j)}$ 表示为被试在 j 个平行的题项上分数的组内一致性；$\overline{S}_{xj}^2$ 为在 j 个平行题项上团队所有成员分数方差的平均数；σ_E^2 为所有被试只受随机误差影响下所期望的分数方差。

本研究中，自恋型领导、个体主义氛围、组织集权的测量均由多个测量题项构成，因此，我们采用 $r_{wg\,(j)}$ 来计算各量表的组内一致性。上述三个变量的组内一致性值的计算结果显示，自恋型领导的 r_{wg} 均值为 0.91，个体主义氛围的 r_{wg} 均值为 0.93，组织集权程度的 r_{wg} 均值为 0.89，三个变量的 r_{wg} 均值均大于 0.7，

---

① 参见廖卉、庄媛嘉：《多层次理论模型的建立及研究方法》，载陈晓萍、徐淑英、樊景立编：《组织与管理研究的实证方法》，北京大学出版社 2008 年版，第 332—357 页。

符合聚合要求。

（二）组间差异性

在团队数据的聚合分析时，除了分析被试得分的组内一致性这个测量指标，还需检验不同团队被试得分的组间差异性。我们通常用组内相关系数 ICC（Intra Class Correlation）来检验组间差异性，包括 ICC（1）和 ICC（2）两个指标。团队成员中个体层面上的变异往往是因为团队特征的差异导致的，我们用 ICC（1）来表示其差异程度。一般来说，ICC（1）值越高，表示组间差异性越大，根据学者们的通常做法，当 ICC（1）的值大于 0.12 时，就表示团队特征会显著影响个体水平（杨建锋和王重鸣，2008）。在测量数据时，团队均值的可靠程度反映了被试对团队打分的差异程度，我们用 ICC（2）来表示。ICC（2）是 ICC（1）和样本量的函数，一般要求取值在 0.7 以上[1]。

ICC（1）的公式为：

$$(3.3) \qquad ICC(1) = \frac{MSB - MSW}{MSB + [(N_G - 1) \times MSW]}$$

公式 3.3 中各字母表示的含义：

MSB 为数据的组间均方差；MSW 为数据的组内均方差；N_G 为组内被试的数量。

ICC（2）的公式为：

---

[1]　廖卉、庄媛嘉：《多层次理论模型的建立及研究方法》，载陈晓萍、徐淑英、樊景立编：《组织与管理研究的实证方法》，北京大学出版社 2008 年版，第 332—357 页。

$$(3.4) \qquad ICC(2) = \frac{MSB - MSW}{MSB}$$

根据 ICC（1）和 ICC（2）的计算公式，我们得到了本研究中 72 个团队中的自恋型领导、个体主义氛围、组织集权三个团队层次变量的组内相关系数，具体如表 3—7 所示，较好地达到了聚合要求。

表 3—7　团队层次变量的组内相关系数

变量	组间差异性（F）	ICC（1）	ICC（2）
自恋型领导	4.248***	0.342	0.773
个体主义氛围	7.146***	0.311	0.731
组织集权	9.512***	0.375	0.792

注：*** 表示为 $p < 0.001$。

四、变量的描述性统计

我们采用 SPSS 21.0 对本研究中所涉及的变量的均值、标准差和相关系数进行描述，具体如表 3—8 所示。从表中数据的 Pearson 相关分析可以得出，企业性质与自恋型领导显著正相关（r=.41，p<0.01）；个体主义与自恋型领导显著正相关（r=.32，p<0.01）；组织集权程度与自恋型领导显著正相关（r=.27，p<0.01）。这些变量之间的初步相关关系，为进一步验证假设提供了基础。

表 3—8　各变量的描述性统计和相关系数

变量	Mean	S.D.	1	2	3	4	5
1. 团队主管性别	1.31	0.59	—	—	—	—	—

变量	Mean	S.D.	1	2	3	4	5
2. 团队主管管理层级	1.88	1.21	.05	—	—	—	—
3. 企业性质	0.40	0.73	.01	.02	—	—	—
4. 个体主义氛围	3.46	0.69	.03	.04	−.25*	—	—
5. 组织集权	3.67	0.62	.01	.06	.37**	−.18*	—
6. 自恋型领导	3.04	0.41	−.11*	.13*	.41**	.32**	.27**

注：团队主管性别，男性为 1，女性为 0；企业性质，国企为 1，非国企为 0；团队主管管理层级，基层为 1，中层为 2，高层为 3；N=72，*p<0.05，**p<0.01。

五、方差分析

由上述研究变量的相关性分析可知，主管的性别、主管的管理层级与自恋型领导显著相关。为了进一步明确本研究中主管的性别、主管的管理层级与自恋型领导的影响作用，本书将通过独立样本 t 检验（t-Test）和单因素方差分析（One Way ANOVA）两种分析方法来检验。

（一）主管性别对自恋型领导影响的差异研究

为了检验主管的性别对自恋型领导影响的差异，我们按照男性、女性将被试者分为两个群体，做独立样本 t 检验，具体如表3—9所示。

表3—9 性别 t 检验

变量	男性均值 （N=52）	女性均值 （N=20）	均值之差	方差 p 值	T 值	均值 p 值 （单尾）
自恋型领导	3.11	2.87	0.24	0.012	2.673**	0.004

从表3—9中可以看出，主管的性别对自恋型领导的影响差

异显著。男性的自恋型领导得分（3.11 分）更高，这与 Foster 等（2003）的实证研究的结论相符，男性员工比女性员工更自恋。

（二）主管的管理层级对自恋型领导影响的差异研究

为了检验主管的管理层级对自恋型领导影响的差异，我们按照基层、中层、高层将团队主管分为三个群体，通过单因素方差分析来检验，具体如表 3—10 所示。

表 3—10　管理层级的 ANOVA 检验

变量	组别	平方和	df	均方	F 值	显著性
自恋型领导	组间	10.241	3	3.414	10.924**	0.000
	组内	79.852	208	0.384	—	—
	总数	90.093	211	—	—	—

从表 3—10 中可以看出，主管的管理层级对自恋型领导的影响差异显著。数据结果表明，上级主管的职位级别不同，其自恋型领导得分也不一样，其中，基层管理者的自恋型领导平均得分为 2.83，中层管理者的自恋型领导平均得分为 3.05，高层管理者的自恋型领导平均得分为 3.34，这也就说明，管理者的管理层级越高越自恋。

上述方差分析结果表明，主管的性别、主管的管理层级对自恋型领导会产生影响，因此，在后面的回归分析中，需要把主管的管理层级、性别的影响控制起来。

六、假设检验

上述关于变量的相关性分析结果表明，企业性质、个体主义氛围、组织集权程度与自恋型领导显著正相关。然而，由于主管的性别、主管的管理层级等变量可能会对自恋型领导产生一定的影响，从而对企业性质、个体主义氛围、组织集权程度与自恋型领导的关系产生干扰。因此，在构建层次回归模型时，我们把上述变量列为控制变量，来检验企业性质、个体主义氛围、组织集权程度与自恋型领导的主效应。在检验主效应时，我们也同时检验模型中各变量的多重共线性问题。

　　本研究主效应的检验主要是通过 SPSS 21.0 进行的。在构建多元回归模型时，我们先将主管的性别、主管的管理层级作为自变量，自恋型领导为因变量，构建了模型 M1。然后，我们再把上述人口统计学变量作为控制变量，企业性质、个体主义氛围、组织集权为自变量，自恋型领导为因变量，分别构建了回归模型 M2、M3、M4。对模型中各变量的多重共线性的检验，我们选取了方差膨胀因子（Variance Inflation Factor，VIF）进行判断，VIF 值小于 10 则表明模型中的变量不存在严重的多重共线性问题（吴明隆，2010）。

　　对相关变量进行多元线性回归，结果如表 3—11 所示。在模型 M1 中，团队主管的性别（β=-0.132，P<0.05）、管理层级（β=0.137，P<0.01）与自恋型领导存在显著影响。在控制了团队主管的性别、团队主管的管理层级等变量的影响之后，企业性质对自恋型领导的回归模型 M2 的 F 值检验达到显著水平（F=13.943，P<0.001），模型对变异量的解释力提高 19.5%，企业性质对自恋型领导有显著正向影响（β=0.156，P<0.001；见模型 M2），亦即相比于非国有企业，国有企业更容易诱发管理

者产生自恋型领导风格，假设 H1 进一步得到验证。在控制了控制变量的影响之后，个体主义氛围对自恋型领导的回归模型 M3 的 F 值检验达到显著水平（F=10.272，P<0.001），模型对变异量的解释力提高 20.2%，个体主义氛围对自恋型领导有显著正向影响（β=0.221，P<0.001；见模型 M3），假设 H2 进一步得到验证。在控制了控制变量的影响之后，组织集权程度对自恋型领导的回归模型 M4 的 F 值检验达到显著水平（F=9.167，P<0.001），模型对变异量的解释力提高 20.5%，组织集权程度对自恋型领导有显著正向影响（β=0.294，P<0.001；见模型 M4），假设 H3 进一步得到验证。

表 3—11　企业性质、个体主义氛围、组织集权程度
对自恋型领导影响的回归分析结果

变量	自恋型领导			
	M1	M2	M3	M4
控制变量	—	—	—	—
团队主管的性别	−.132*	−.103*	−.115*	−.101*
团队主管的管理层级	.137**	.124**	.129**	.122**
自变量	—	—	—	—
企业性质		.156***	—	—
个体主义氛围	—		.221***	
组织集权	—	—		.294***
R^2	0.051	0.246	0.253	0.256
ΔR^2		0.195	0.202	0.205
F 值	2.428	13.943***	10.272***	9.167***
VIF	—	1.132~1.925	1.063~1.926	1.118~1.809

注：N=72，*p<0.05，**p<0.01，***p<0.001（双尾检验）。

第四节　结论与讨论

自恋型领导风格的形成受多方面因素的影响，其中就包括环境因素、文化因素、结构因素的影响。本章研究对 72 个企业部门或工作团队进行问卷调查，在数据分析的基础上分别验证了企业性质、个体主义氛围及组织集权对自恋型领导的影响效应。所有假设的验证结果如表 3—12 所示。

表 3—12　自恋型领导影响因素的假设验证结果汇总

序号	假设内容	验证结果
假设 1	相比于非国有企业，国有企业更容易诱发管理者产生自恋型领导风格	完全验证
假设 2	个体主义氛围与管理者的自恋型领导显著正相关	完全验证
假设 3	组织集权程度与管理者的自恋型领导显著正相关	完全验证

一、企业性质对自恋型领导的形成会产生显著影响

本研究提出的假设 1 描述了企业性质与自恋型领导之间的关系。实证检验支持了假设 1，表明企业性质显著正向影响管理者的自恋型领导风格，亦即是相比于非国有企业，国有企业更容易诱发管理者产生自恋型领导风格。我国企业管理研究领域的学者认为，不同性质的企业追求的目标不同，因而形成的内部管理机制和价值导向自然会产生巨大的差异（张满林和苏明政，2021），国有企业具有独特的管理机制、行为方式和组织氛围，国有企业的这种强调威严和官僚的组织环境对管理者的行为方式和领导风格会产生深刻的影响。因此，本研究从中国组织的本土化特征的

视角揭示了自恋型领导的形成机制，证实了企业性质是影响自恋型领导风格形成的一个重要的管理情境因素，对于这一发现，我们认为，除了个体特质外，组织环境是自恋型领导形成的一个关键因素，需要引起我们的重视。

二、个体主义氛围对自恋型领导的形成会产生显著影响

本研究提出的假设 2 描述了个体主义氛围与自恋型领导之间的关系。实证检验支持了假设 2，表明个体主义氛围显著正向影响管理者自恋型领导风格的形成，亦即是个体主义氛围对推动管理者自恋型领导风格的形成具有积极的作用，组织的个体主义氛围越浓厚，个体的自恋水平就会越高，管理者就越易形成自恋的领导风格，这与过去国内外众多学者的研究结论相呼应。有学者认为个体主义者更多的是关注自己，将利己作为自己的利益诉求（Erez & Nouri，2010）。Foster 等（2003）在实证研究中发现，文化会对自恋的形成产生影响，尤其是个人主义较高的个体自恋程度更严重。我国学者廖建桥等（2016）认为，个人主义文化价值观在中国组织情境的兴起使具有自恋型领导风格的管理者越来越多。因此，本研究从中国社会文化代际变迁的视角揭示了自恋型领导的形成机制，证实了个体主义氛围是影响自恋型领导风格形成的文化因素，对于这一发现，我们认为，随着经济的快速增长和东西方文化的融合，新生代的中国人更加富有个体主义特质，个体主义氛围的逐渐浓厚进一步推动了自恋型领导风格在我国组织情境的形成。

三、组织集权程度对自恋型领导的形成会产生显著影响

本研究提出的假设 3 描述了组织集权程度与自恋型领导之间的关系。实证检验支持了假设 3，表明组织集权程度显著正向影响管理者的自恋型领导，亦即是集权化程度越高的组织，越容易诱发管理者产生自恋型领导风格。过去的学者也探讨过组织结构与自恋型领导风格的关系，得出了和本研究较一致的结论。Chen 和 Huang（2007）认为，组织的集权化不利于组织成员间信息流动，而 Padilla 等（2007）认为，如果组织对管理者的行政行为缺乏监督或组织中对信息的处理严重的不透明，会助长管理者的自恋行为。廖建桥等（2016）认为，组织结构是影响自恋型领导的关键因素之一。本研究的结果表明，高度集权化的组织结构将强化管理者对权力和资源的掌控力度，绝对的权力和对下属的掌控力度使得管理者滋生自我膨胀的心理和优越感，从而形成自恋型领导风格。因此，本研究从组织结构的视角揭示了自恋型领导的形成机制，证实了组织集权程度是影响自恋型领导风格形成的结构因素，对于这一发现，我们认为，高度集权的组织一方面加剧了管理者手中权力和资源的集中度，会滋生管理者的优越感和对他人的支配性；另一方面，集权化的组织易使管理者的行为缺乏监督，为管理者的自恋创造了组织条件。

本章小结

本章主要对企业性质、个体主义氛围、组织集权与自恋型领导的关系进行了理论探讨和实证研究。通过 72 个团队或部门的

聚合数据检验了本研究的理论假设,具体结论为:(1)企业性质显著影响自恋型领导的形成;(2)个体主义氛围与自恋型领导显著正相关;(3)组织集权程度与自恋型领导显著正相关。

第四章 自恋型领导影响员工职业成功理论模型与研究假设

第一节 理论模型的构建

智能职业生涯理论（Intelligence Career）指出，随着工作环境的动态变化，员工的职业发展也进入了无边界职业时代，这就要求员工为应对变化中的环境和雇佣关系而具备相应的职业胜任力（Arthur，Calm，Defillippi，1994）。具体来说职业胜任力包括三个方面："知道为什么（Knowing why）""知道谁（Knowing whom）""知道怎么做（Knowing how）"，亦即是要获得职业成功，个体应具有强烈的职业信念和内在动机、维护网络关系及职业发展的技能。众多学者的研究结论表明，组织管理者是影响员工职业成功的重要情境因素（李太，2011；谢琳，2014；杨付等，2014），其领导风格和行为方式将对下属产生直接或间接的影响（黄达鑫和马力，2011）。自恋型领导为了追求自我提升（Rhodewalt et al.，2006；Zuckerman & O'Ioughlin，2006）、满足自我膨胀的个人期望和需求（Campbell et al.，2011；Judge et al.，2006；Morf & Rhodewalt，2001；Rosenthal & Pittinsky，2006），会侵占员工的劳动成果，可能会挤压员工职业发展所需的空间，其自私自利、专制、剥削等负面行为方式可能会对员工的职业成功产生消极影响。过去的研究结论表明，破坏性领导主要是通过影响员工的心理和情绪来影响员工的职场行为、绩效等职场结果。也有学者认为，破坏性领导也可能通过破坏上下级信任和关系来影响员工的职场结果。这也就表明，自恋型领导对员工职场结果的影响存在多条路径。我们认为，自恋型领导可能会通过影响职业胜任力的三个方面（动机、关系、职业技能）来影响员工的职业成功。

首先，自恋型领导可能通过影响员工的职业自我效能感而阻碍员工的职业成功。Khoo 和 Burch（2008）认为，自恋型领导主要基于个人目的或自利动机行使权力，其行为总体上会对员工造成负面影响。如领导自恋会诱发领导的专制行为（O'Boyle et al., 2012）和针对下属的辱虐管理行为（Tepper, 2000），因此，其负面的领导方式可能会对员工在职业发展过程中的自信心及自我信念产生消极影响，进而影响员工的职业成功。社会认知职业理论指出，职场中个体的职业信念、职业兴趣对职业选择及职业预期目标会产生影响。因此，基于过去自恋型领导的消极职场效应，我们认为，自恋型领导可能会削弱员工的职业自我效能感而阻碍员工的职业成功。

其次，自恋型领导可能会激发上下级关系冲突而阻碍员工的职业成功。过去的研究显示，自恋型领导行为的出发点是为自己服务，具有典型的利己主义特征，缺乏同理心，较难进行换位思考，即使愿意与下属交往，也是利用下属来实现自己的目的，因而与下属形成的关系往往是肤浅的人际关系。此外，自恋型领导的剥削和攻击行为会破坏彼此的信任，引发员工的负面情绪和对抗行为，进而产生冲突。大量的研究表明，良好的上下级关系有助于职业发展（李艳萍，2011；李太等，2013），糟糕的上下级关系则会阻碍职业成功。网络关系是促进职业发展的重要资源，因此，自恋型领导很可能会引发上下级关系冲突，进而影响员工的职业成功。

最后，自恋型领导可能会削弱员工的职业适应力而阻碍员工的职业成功。随着无边界职业生涯时代的到来，职业边界变得逐渐模糊，职业流动也日益频繁。在职业发展过程中，个体需要不断适应职业的变化过程。基于生涯建构理论（Savickas，Mark，2002），个体职业发展的实质就是追求主观自我与外在客观世界相互适应的动态建构过程，个体的特质和外部因素会影响生涯建构结果。因此，领导风格作为一个重要的组织情境因素，尤其是自恋型领导风格，作为一种破坏性领导方式，很可能会影响员工在职业发展过程中对职业的适应性，进而阻碍员工的职业成功。

然而，也有部分学者认为，在管理实践中自恋型领导有时也会展示出个人魅力的一面（Maccoby，2007），其对员工的消极影响并不一定十分显著。因此，基于自恋型领导的多面性及复杂性，有学者呼吁对自恋型领导的影响效应进行更加全面的整合研究（廖建桥等，2016），究竟是积极作用还是消极影响，需要考虑自恋型领导面对的情境条件和员工个体因素。

基于相关研究的回顾与梳理，本研究以自恋型领导风格为自变量，员工的职业成功（主观职业成功和客观职业成功）为因变量构建研究模型，探讨自恋型领导对员工职业成功的影响效应。同时，基于智能职业生涯理论，从职业胜任力的"Know-why""Know-whom""Know-how"角度，选取职业自我效能感、上下级关系冲突、职业适应力为中介变量，探讨三者在自恋型领导与员工职业成功之间的中介效应。鉴于自恋型领导产生的行为是魅力行为还是消极行为，受环境不确定性的影响，员工对领导行为的感知也会受员工个体特征的影响。因此，本研究从员工自身因素和外部因素选取传统性、支配性、主动性和环境不确定性为调节变量，考察上述调节变量的调节效应。

　　基于上述讨论，本研究构建了自恋型领导与员工职业成功之间的关系模型，如图4—1所示。

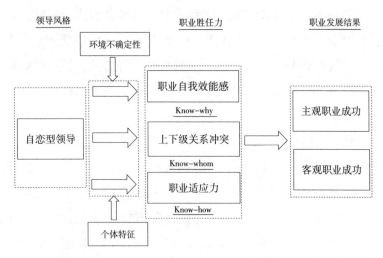

图4—1　自恋型领导与员工职业成功之间的关系模型图

第二节　研究假设

一、主效应研究假设

自恋是三种黑暗人格特征之一，具有自大、权力欲望强和缺乏同情心（O'Boyle et al.，2012；Smith & Lilienfeld，2013）等特点，这一结论被学者广泛认同，他们补充认为极度的自我膨胀也是自恋的显著特点，自我膨胀包括观点的自我膨胀、幻想控制、自我成功、自我欣赏以及渴望他人强化这些自恋行为。先前的研究表明，自恋对领导者的出现有积极的影响，这意味着具有许多自恋特征的个人更可能成为领导者，因为他们性格外向、魅力四射（Brunell et al.，2008；Grijalva et al.，2015）。在过去十年中，关于自恋型领导对员工工作结果影响的研究已经大大扩展。除了对员工态度和行为的负面影响（Braun et al.，2018；Ding et al.，2018；Forsyth et al.，2012），自恋型领导也会对员工的建言行为（Huang，Krasikova & Harms，2020）、亲社会行为（Liu et al.，2017）以及主动行为（Liao et al.，2019）产生负面影响。实证研究进一步表明，自恋型领导会导致员工的功能失调性抵抗，并会促进诽谤（Carnevale，Huang & Harms，2018）。员工的情感和感知也受到领导者自恋特征的影响，因此员工经常报告自己经历了负面情绪和抑郁（Braun et al.，2018；Tokarev et al.，2017）以及感知到的伤害（Zhiqiang，Siddiqui & Khan，2020）及辱虐管理（Nevicka et al.，2018）。尽管越来越多的数据支持自恋型领导对组织及员工短期职业发展结果的重要影响(丁志慧和刘文兴，

2018；Ding et al.，2018），但很少有研究试图了解领导的"黑暗"特质自恋对员工长期职业发展结果（如职业成功）的影响。

关于职业成功比较全面的定义是由 Seibert 和 Kraimer 提出来的，他们认为个体在职业发展过程中获得的积极的与工作相关的成就或心理上的满足感。后来，职业成功被学者们分成主观职业成功和客观职业成功。随着知识经济的到来，职场中的个体逐渐进入了无边界职业生涯时代，学者 Eby 等为了更合理、更准确地衡量职业成功，采用了职业满意度（主观指标）和组织内部劳动力市场的竞争力、组织外部劳动力市场的竞争力（客观指标）为评价指标。相比传统的晋升和薪资，这三个指标具有一定的可比性和动态性，也得到了大多数学者的认可，因此，本研究采用这三个指标来测量职业成功。综合过去学者们对职业成功的研究，职业成功的影响因素可总结为四个方面，主要包括人口统计学因素、人力资本与社会资本、个人因素和组织因素四个方面。其中，管理者的行为方式和领导风格就是一个重要的组织情境因素，在很大程度上会影响下属的职业发展，如有研究表明，精神型领导（杨付等，2014）、魅力型领导（刘蓉，2014）、变革型领导（张礼琴，2015）、伦理型领导（魏峰和李然，2016）等积极领导方式有助于员工的职业成功。然而，关于消极领导方式与员工职业成功关系的研究，目前并不多见。

Rosenthal 和 Pittinsky（2006）指出，当领导者的行为主要受极端自私的个人需求和观念驱动而不是受他们所领导的组织机构的利益驱动时，该领导者即为自恋型领导。亦即自恋型领导的行为是基于极端利己的动机以及依赖下属的赞赏。Maccoby（2007）在《自恋型领导》一书中指出，自恋型领导渴望改变世界以符合他们所认为的世界万物的状态，他们罔顾伦理道德，为了激进的冒险投机行为而强迫世界万物改变其自然规律，从而导致创造性或灾难性的后果，然而他们对此却没有一丝或仅有星星点点的负罪感。2010 年，Gerard Ouimet 提出自恋型领导的五要素说法，分别是：魅力、利己主义、欺诈性动机、智力抑制、假装关心。Iii 等（2014）从特质理论视角给自恋型领导给予了解释，认为自恋型领导不以其对所领导组织或团体的移情关注为动机，反而将追求权力和他人的赞扬作为动机。我国学者黄攸立和李璐（2014）梳理国内外相关研究后认为，自恋型领导具有利己主义、欺骗动机、知识抑制、魅力等典型特征。根据 Luthans 等学者（1988）的研究，破坏型领导更容易出现在权力距离高的国家并导致更严重后果，而我国正是属于高权力距离的国家。因此，自恋型领导在中国组织情境下，有可能带来更大的破坏性。工作场所的主管或领导者可以说是组织结构中的关键人物，将对员工的主观和客观职业成功产生影响（Chang，Busser & Liu，2020）。延续这一讨论，我们认为自恋型领导会影响员工的职业成功。

具体而言，自恋型领导者经常指责、批评或攻击下属以显示其优越性，从而损害员工的信心（Blair，Helland & Walton，2017）。这些行为会让下属感觉他们的工作自主权降低，导致他们的工作失去意义，内部工作满意度降低。另一方面，自恋型领导者甚至因缺乏对他人的兴趣和同理心而抑制员工的职业发展资源（Rosenthal & Pittinsky，2006），其产生的辱虐和破坏性行为会使下属难以适应职业发展，上下级关系也貌合神离，难以形成真正的信任关系，下属得不到领导的职业支持，这可能对员工在组织内外的竞争力产生重大影响。而且，自恋型领导为了追求自我提升（Rhodewalt et al.，2006；Zuckerman & O'Ioughlin，2006），实现自我价值和职业成功，会抓住一切机会利用和剥削员工，把员工视作自我提升和职业发展的垫脚石，其行为的出发点往往是为了扩展和占有更多资源以实现自己的目的。与此同时，他们的行为也必然导致员工职业发展资源的侵占和发展空间受到挤压。自恋型领导者对工作资源的拒绝极大地阻碍了下属员工的目标职业成功（Braun et al.，2018；Ding et al.，2018）。总的来说，这些因素阻碍了下属员工的主观职业成功。

过去实证研究的结论也发现，破坏性领导会给追随者带来严重的负面影响，例如对员工工作绩效（于维娜，樊耘，张婕等，2015）、创造力（刘文兴，廖建桥，张鹏程，2012）、工作态度（路红，2010）产生消极影响，也会降低员工的工作满意度（Tepper，2000），减少家庭幸福感（Hoobler & Brass，2006），乃至产生离职意愿（Tepper，2000）。因此，我们认为自恋型领导风格会给员工的职业发展带来十分消极的影响。

基于上述讨论，本研究提出如下假设：

H1：自恋型领导对员工的职业成功有显著负向影响。

H1a：自恋型领导对员工的客观职业成功有显著负向影响。

H1b：自恋型领导对员工的主观职业成功有显著负向影响。

二、中介效应研究假设

(一) 职业自我效能感的中介作用

自我效能感的概念最早是由美国心理学家班杜拉 1977 年提出，它是指个体能否利用自己的能力实现特定领域目标的信心或信念，需要注意的是，自我效能感不是指能力本身。职业自我效能感是哈克特和贝兹提出的概念，他们在 1981 年将班杜拉的自我效能感理论应用于职业指导，并把职业自我效能感定义为"个体相信自己从事特定职业能力的一种信念"。因此，对个体的职业发展来说，职业自我效能感为其发展提供了内在动力。但必须清楚的是，个体的职业自我效能感不是固定不变或与生俱来的，职业效能感的形成与发展和个体的职业能力评估有关，这种感知随着能力评价的变化而变化。影响职业自我效能感的因素主要有：以往经验、替代性经验、目标设置、来自他人的说服和评价、知觉到的任务可控性、归因风格、社会文化、持有的能力观及来自生理和情感上的信息等。

有关研究表明，个体进入职场后的组织支持以及领导行为与职业自我效能感发展有关（Jaeckel et al., 2012）。然而，迄今为止，还没有研究分析自恋型领导风格对员工职业自我效能感的影响。自恋的主管为了促进自己在认知方面的优势，对他人往往有负面的看法。正如 Morf 和 Rhodewalt（2001）观察，自恋的主管不仅不信任员工，而且不喜欢他们，经常蔑视他们。此外，他们的关系往往充满敌意和不信任。因为自恋的领导人对他人采取对抗的观点（Morf & Rhodewalt, 2001），结果是，自恋的领导人善于创造本来没有的敌人。已有的研究表明，管理者的自恋特质更容易诱发对下属的辱虐管理行为，作为一种破坏性领导方式，自恋的管理者常常通过利用掌握的权力甚至滥用权力来伤害下属，如降低下属的工作动机、危害下属的健康和满意度，进而伤害下属的自尊和降低工作及职业发展的信心。基于心理学视角，西方学者 Dean 和 Paul（2001）分析归纳了对组织有害的自恋型领导行为，如具有恃强凌弱的个性；依靠操纵和利用别人来获得认可；行为冲动和古怪并且易怒，善于使用说谎、误导和征服等战略武器；渴望得到别人的关注和钦佩；会威胁下属、严厉指责和打击下属并使下属产生消极情绪。因此，这种来自上级主管的负面行为将刺激员工产生紧张、焦虑等负性情绪，容易降低员工的职业自我效能感。

社会认知职业理论（Lent，Brown & Hackett，1994）解释了社会认知变量如职业自我效能如何与职业发展动态相关。职业自我效能作为个人信念，被认为是个人可以以自己的能力成功地完成职业任务和要求的信念，如果不考虑具体的职业背景（Abele & Spurk，2009），可以被视为一种内容特定类型的职业自我效能，与职业领域相关，同时注重职业调整和管理职业障碍的过程（Schyns & Collani，2002）。自我效能（Self-efficacy）是个体实现职业成功最为重要的心理机制，它为个体的职业发展提供内在动力。职业自我效能对于个体的职业及在职场的自我塑造起着至关重要的作用，影响着个体的事业成就和职业坚持性。具有高职业自我效能的个人会为自己设定更高的职业相关目标，在他们的职业中投入更多的努力，并且在各种成功相关的任务上坚持更长时间（Abele & Spurk，2009；Bandura，1997）。Pintrich 等（1990）

认为，自我效能与学习策略的运用相关，提高个体的职业自我效能会增进认知策略的运用，从而促进任务的完成。大量的实证研究结论也表明，具有高职业信心的个人表现出更高水平的工作满意度、工作绩效、工作安全、工作参与、工作时间、地位和薪水（Abele & Spurk，2009；Chaudhary，Rangnekar & Barua，2012；Rigotti，Schyns & Mohr，2008）。李永占（2007）研究证明，自我效能感能较准确地预测个体的成就水平。因此，我们认为，职业自我效能感积极地影响个体的主客观事业成功。

综合以上讨论，我们认为，自恋型领导的领导方式会降低下属的职业自我效能感，下属在心理上往往会焦躁、沮丧、不安，会致使心理失衡，进而影响正常的学习、生活以及工作，危及职业发展，最终对下属的职业成功产生消极影响。因此，本研究提出如下假设：

H2：职业自我效能感在自恋型领导与员工的职业成功之间起中介作用。

H2a：职业自我效能感在自恋型领导与员工的主观职业成功之间起中介作用。

H2b：职业自我效能感在自恋型领导与员工的客观职业成功之间起中介作用。

（二）上下级关系冲突的中介作用

对于一个组织来说，由于组织成员的相互依赖性，组织内的冲突普遍存在，且频繁地出现在组织内部的各个层次及阶段，贯穿其生存和发展的全过程（Tillman et al.，2017）。其中，上下级之间的关系最为微妙、最难处理，容易导致冲突（于文波，闫秀敏，曾昊，2011）。发生在上下级之间的关系冲突所指的是上级与下级间的冲突摩擦、关系紧张、不和谐等状况。关系冲突是人际关系不兼容的体现，Wall 和 Canister（1995）认为关系冲突会让关系冲突的当事人感知自己的利益受到损害或者产生消极影响，如愤怒、不信任、恐惧、挫折感。造成上下级关系冲突的原因复杂且多样化，综合学者们的研究，可以归纳为：上下级持有对组织发展的不同观点（Eugene，1979）、工作意见不一致、上级无法满足下级工作上的某些需求或上级对下级的武断和专横态度（叶畅东，2006）、情感冲突及亲疏关系（舒化鲁，2010）。这些原因主要体现了上下级之间的思维差异、地位差异及角色差异等。

自恋型领导被有的学者称为"毒性"领导方式，其行为往往具有一定的攻击性和破坏性（Ouimet，2010），我们认为这种极具破坏力的领导方式与上下级关系冲突会有紧密的联系。过去的研究结论表明，领导在上下级关系中起主导作用，自恋型领导的"职场暴力""敌意"等破坏性领导风格容易引起上下级关系紧张和冲突。首先，自恋型领导是典型的利己主义，缺乏换位思考，思考问题的出发点往往是从自身角度出发，只考虑自己利益，过多地强调对自我的关注，因而很难理解他人的观点，这种思维和地位的差异容易引发与下级的关系冲突。其次，自恋作为领导的黑暗人格之一，自恋型领导通常被学者们称为负面领导方式，会给组织和个体带来消极影响。研究表明，自恋与敌意显著正相关，自恋型领导的自恋水平与其在言语和肢体上的冲突倾向和冲突行为成正比（Grijalva et al.，2015）。他们乐于剥削下属，

把下属的成功归功于自己，并对下属的失败与缺点横加指责
（Brummelman，Thomaes & Sedikides，2016）。Benson 和 Hogan
（2008）研究指出，自恋型领导会为了强化个人需求而滥用权
力，其欺凌和压迫下属的行为会破坏上下级信任（Braun et al.，
2018），激发关系冲突。最后，自恋型领导有知识抑止行为倾
向。自恋型领导难以倾听员工的意见，常常忽视或敌视与自己
不一致的观点，尤其对负面反馈充满敌意（Barry et al.，2006；
Martinez et al.，2008），他们认为负面反馈是对自我完整性的威
胁（Horvath & Morf，2009）。因此，自恋型领导对下级的武断
和专横态度以及敌视行为容易引发与下级的关系冲突（Liao et
al.，2019）。

　　上司与下属之间的互动是影响组织良好运行的重要因素。
基于上下级关系质量会对员工的工作满意度、工作绩效、离职
意向、角色外行为等产生直接影响，学者们把它当作影响组织
效能的三大背景性因素之一。智能职业生涯理论指出，知道谁
（knowing whom）即认识到和谁一起工作，这意味着关系、声誉
和职业支持（Arthur，Calm，Defillippi，1994）。这项能力是指
与职业相关的网络关系，以及人们如何在组织内部沟通的能力。
因此，我们认为，上下级关系冲突将会给个体的职业成功产生消
极影响。首先，上下级关系冲突会给员工制造紧张情绪和消极心
理，困扰职业发展。组织环境的冲突会给冲突的当事方带来敌对
心理或敌对行为。Jehn（1995）将关系冲突定义为人与人之间关
系紧张、相互憎恨和讨厌。人际冲突会给当事方增加"状态消极
情感"，作为上下级关系中的弱势方，下级更容易产生消极情绪

如恐惧、挫折感，进而困扰个体的工作，降低员工的职业满意度。其次，上下级"关系"是影响员工职业历练机会获取、职业能力锻炼、职位晋升可能性，乃至职业目标实现等的最直接因素（李云，2012），上下级关系冲突意味着晋升与发展机会的减少（Tillman et al.，2017）。基于道德排斥理论（Opotow，1990）的观点，一旦上下级发生人际冲突，这将导致上级在道德上把下级排除在公平范围之外，进而下级成为上级的敌对目标，显而易见，上级作为冲突的当事方，对待其反对者和支持者的态度有明显的区别。因此，反对者容易成为上级排他性行为的目标，常常处于管理者的公平范围之外，而支持者就会被给予公正的对待。我们认为主管将敌对的下属置于公平范围之外，可能剥夺下属更多的职业发展机会，最终给下级的职业成功带来负面影响。

基于上述阐述，我们提出以下假设：

H3：上下级关系冲突在自恋型领导与员工的职业成功之间起中介作用。

H3a：上下级关系冲突在自恋型领导与员工的主观职业成功之间起中介作用。

H3b：上下级关系冲突在自恋型领导与员工的客观职业成功之间起中介作用。

（三）职业适应力的中介作用

知道怎么样（Know-how）的能力是在职场中如何工作的能力，这项能力是指与职业相关的技能、与工作相关的知识。"知道怎么样"的概念与建立个人的知识、技巧和能力（KSA）密切相关，也就是人们寻求和促进工作重新设计，以适应其独特的才华和未来的潜力。在当前，职业边界日益模糊，职场充满各种变化，员工比以前更需要精力和能力应付个人职业发展中的各种转变。Pratzner 和 Ashley（1985）提出职业适应力这一概念时，把它定义为个体与职业相关的一种能力，主要指在职业发展时适应工作需求以及变换工作以适应个人需求的能力。也有西方学者将职业适应力理解为一种职业生涯调整能力（Rottinghaus，Day & Borgen，2005）。在过去学者研究的基础上，Savickas 在2005 年又更进一步，完善了职业适应力理论建构，提出了一个相对完整的建构模式（见表4—1）。Savickas 指出，个体职业适应力的发展包括四个方面，具体为职业关注（Career concern）、职业控制（Career control）、职业好奇（Career curiosity）和职业自信（Career confidence）。因此，本研究认为职业适应力是个体为适应职业生涯角色变化并与之保持平衡的能力，而这种能力的确定往往是个体与环境交互作用的结果，它可以帮助个体取得职业成长与发展。

表4—1 职业适应力的理论建构模式

维度	职业问题	态度与信念	能力	因应行为	生涯干预
关注	我有未来吗	计划的	计划	觉察、投入、准备	职业导向性
控制	谁拥有我的未来	确定的	做决定	自信、有条理、执著	决策训练
好奇	未来我想要做什么	好奇的	探索	尝试、冒险、询问	信息搜索
自信	我能做到吗	有效的	问题解决	坚持、努力、勤奋	建立自尊

由职业适应力的定义可知，职业适应力是一种心理社会
结构和能力资源，该能力资源可能影响他们融入社会环境
（Savickas，1997）。因此，职业适应性资源不是稳定的特征，而
是可能随时随着情况而变化的自我调节能力，并且会被人、环
境和他们的相互作用中的因素激活（Savickas & Porfeli，2012）。
过去学者的研究表明，职业适应力与环境变量呈显著正相关
（Creed，Fallon & Hood，2009），尤其是组织中的支持性因素会
促进职业适应力的发展。过去学者们的研究结论表明，领导因素
是影响员工职业发展的一个重要情境因素，管理者的领导风格与
员工的职场结果有着密切的联系。因此，我们认为，自恋型领导
作为一种消极领导方式，其对员工的职业适应力会产生负面影
响。首先，自恋型领导典型的利己主义和强烈的权力欲会削弱员
工的职业适应力。自恋型领导一切行为的出发点都是为自己的职
业目标服务，较少考虑到员工的诉求和职业发展目标，员工是其
实现个人目的的工具，为了实现自我职业发展目标，自恋的领
导会不断扩张自己的职业发展资源，剥削和占有下属的劳动成
果。由于自恋型领导具有强烈的支配性，倾向于主导一切，职场
的一切工作计划和安排皆由他决定，而且，很多时候员工的时间
安排、工作安排也是为自恋型领导的个人目标服务，因此，下属
较难实施自己的职业计划和控制自己的职业发展进程。其次，自
恋型领导具有知识抑制行为，对持有与自己不同意见或提供负面
反馈的员工常常采取打压的措施，这种知识抑制的行为使员工的
好奇心也逐渐降低，不愿意进行职业探索和尝试，最终会破坏员
工的职业适应力。最后，自恋型领导对下属的批评和攻击等负面

领导行为，会让员工对未来的职业发展失去信心。下属十分在意上级主管的评价，自恋型领导为了体现自己的优越感常常会打击和批评下属，一旦下属犯错，自恋型领导就会指责其缺陷，这些批评和指责会使员工不敢相信自己的能力，乃至对未来感到恐慌，导致自己的认知活动受到干扰，员工的自我怀疑和否定会削弱其实际行动能力（Creed，2003），最终降低了员工的职业适应力。实证结果也说明了上级领导对下属适应力的影响，如 Ito 和 Brotheridge（2005）通过量化的方法，对企业员工的职业适应力进行了研究，发现员工的上司支持（包括信息支持、建议支持和鼓励支持）会影响员工的职业适应力。

我们认为职业适应力正向预测职业成功。职业适应力是一种心理社会结构和能力资源，职业适应性资源是位于人—环境交叉点的交易能力，而且能够帮助员工成功地管理他们的职业发展和调整，从而增强职业成功（Savickas，1997；Savickas & Porfeli，2012）。Savickas 和 Porfeli（2012）将职业适应性资源描述为随着时间积累，随着教育、培训和工作经验而变化的人力资本形式，并推动指导员工适应行为朝着实现职业目标方向迈进的自我调节策略的发展。换句话说，正如事业成功一样，职业适应性资源与员工的工作角色和他们的职业背景密切相关（Savickas & Porfeli，2012），会促进员工的职业成功。最近的一些研究表明，CAAS 测量的职业适应力和与职业相关的重要技能、信念和战略以及工作和生活产出有关系。例如，职业适应力正向预测团队工作技能（Guzman & Choi，2013）、工作搜索自我效能（Guan et al.，2013）、顽强的目标追求、灵活的目标调整以及职业满意度和可促进性（Tolentino et al.，2013）。此外，职业适应力正向预测员工兴趣的广度、幸福的导向、生活质量以及负向预测感知到的职业障碍和工作压力（Johnston et al.，2013；Maggiori et al.，2013）。职业适应力也正向预测职业承诺、职业识别和职业探索（深入和广度），并负向预测职业自我怀疑（Porfeli & Savickas，2012）。此外，Zacher（2014）基于1723个自澳大利亚的异质的员工样本，用CAAS量表验证了职业适应力对职业成功（职业满意度和自我评价的职业表现）影响的有效性，且超越了员工的五大人格特质和核心自我评价对职业成功的影响。

基于上述理论推导和实证结论，我们提出了以下假设：

H4：职业适应力在自恋型领导与员工的职业成功之间起中介作用。

H4a：职业适应力在自恋型领导与员工的主观职业成功之间起中介作用。

H4b：职业适应力在自恋型领导与员工的客观职业成功之间起中介作用。

三、调节效应假设

（一）环境不确定性对自恋型领导与职业自我效能感关系的调节作用

虽然过去众多的研究证实了自恋型领导的破坏性及给组织和员工带来的消极影响（Hogan，Raskin & Fazzini，1990），但也有部分学者认为自恋型领导也存在积极或正向的一面（Glad，2002；Rosenthal & Pittinsky，2006）。Timothy等（2009）在探讨领导特质的黑暗面和闪光面时强调，个体的特质具有矛盾性，当其在一定环境中表现为缺陷或不足时，或许在另外不同的环境中就可能表现为优点。比如，当组织面临一些特定的意外情况时，组织需要一个极度自信的人来带领组织走出危机或困境，而这正是自恋型领导崭露头角的机会，也是组织给他们展现自我的舞台（Rosenthal & Pittinsky，2006；Padilla et al.，2007）。在高不确定性的环境中，自恋者夸大的自信以及表演天赋，使得自恋型领导在组织中更能起到团结组织的重要作用（Post，2004），面对逆境时自恋型领导能让员工坚定立场并且能够暂时说服他们去克服困难（Maccoby，2007）。因此，当外部威胁来临时，在大胆创新的自恋型领导者的带领下，会创造一种高凝聚力、高信服力、高支持率的组织气氛。高不确定性环境会激发自恋型领导更多的魅力行为，员工对上级主管的关注会由负面行为转移到积极行为，因而员工会被领导者的自信和魄力所感染和鼓舞，也会增添克服困难的信心和对职业发展的信心，因此，员工的职业自我效能感会相应增加。相反，当处于低不确定性环境时，员工对领导的依赖性较小，自恋型领导的极大自信的一面也会被员工理解为自大自负，员工感受到的更多是关于领导的自大自负、利己主义及消极负面的行为，因此，在低不确定性环境中员工的职业自我效能感会降低。

领导学研究领域的中西方学者们也做了大量相关的理论和实证研究，研究结论指出，作为一种重要的情境变量（Porter & McLaughlin，2006），环境不确定性对领导有效性会产生关键性的影响作用（宋合义，谭乐，薛贤，2014），具体表现为领导者风格和领导行为结果随着环境不确定性情境而发生变化。也有很多学者探讨了环境不确定性在领导行为与组织绩效之间的调节作用（Agle et al.，2006）。此外，学者们也尝试探讨了环境不确定性对领导特质与领导行为及结果之间关系的调节作用（Tosi et al.，2004）。基于以上理论探讨和现实基础，我们提出以下假设：

H5：环境不确定性负向调节自恋型领导与员工职业自我效能感的关系。环境不确定性程度越高，自恋型领导与员工职业自我效能感的负向关系越弱。

（二）环境不确定性在自恋型领导与上下级关系冲突之间的调节作用

自恋型领导给我们提供了一对有趣的矛盾，他们身上既有积极的特点，又有消极的特征，而学者的研究表明，环境不确定性就是自恋型领导是否被下属感知到舒服的情境（Nevicka et al.，2013）。由上一个的假设推理，我们知道，在确定性不同的环境下，自恋型领导展示的形象和魅力是不一样的。没什么比不确定性更能激发自恋者的自信、支配性和迷人的魅力（Nevicka et al.，2013）。研究表明，与非自恋型的员工相比，自恋的员工因其自信和魄力使其更容易得到机会，走向管理岗位。在高不确定性环境下（组织内外部环境巨大变化，如组织遭遇困境），组织需要一个极度自信的人来带领组织走出危机或困境，自恋型领导恰恰可以扮演好这个角色，其夸大的自信以及表演天赋，使得自恋型领导在组织中更能起到团结组织的重要作用（Post，2004）。为了在逆境时让员工坚定立场并且能够暂时说服他们去克服困难（Maccoby，2007），自恋型领导善于用愿景来激励下属，使下属与自己达成目标上的一致，因而会更多地采用对话和合作的方式领导下属。内隐领导理论指出，被领导者在心中有一个关于领导特质、能力和行为的概念体系，下属会用领导原型来对比现有领导的表现是否是一个高效的领导（Lord，Foti & Vader，1984；Offermann，Kennedy & Wirtz，1994）。在高不确定性环境下的自信、外向等特质很容易被认为是一个高效领导者的特质，领导者的自信和果断对下属来说就是一种能带来安全感的心理资源（Waldman et al.，2001），可以为下属的行为提供指导。因此，自恋型领导的自信和魅力可以促进合作，弱化上下级分歧，降低上下级关系冲突。然而，当处于低不确定性环境时，由于环境的结构性较高，员工的自我概念能力通常能应对发生的正常事态，员工的工作也是按组织规则和程序进行，员工对领导的依赖性较小，员工更容易感知到的是关于自恋型领导的自大自负、利己主义及攻击等消极负面的行为。过去的研究表明，当员工感知到攻击、威胁等不安全感时，他们内心不愿意接受这样的领导（Padilla et al.，2007），因此，在低不确定性环境中自恋型领导更容易激化上下级关系冲突。

由上述阐述，我们提出以下假设：

H6：环境不确定性负向调节自恋型领导与上下级关系冲突之间的关系。与高不确定性环境相比，在低不确定性环境下，自恋型领导会激发更多的上下级关系冲突。

（三）环境不确定性在自恋型领导与职业适应力之间的调节作用

由假设5及假设6的理论推导和过去学者的实证结论，我们可以知道，环境不确定性对领导特质与领导行为及结果之间的关系具有调节作用，尤其是自恋型领导方式，在不同的环境下，所展示的行为方式存在极大的差异，亦即在确定性不同的环境下，自恋型领导展示的形象和魅力是不一样的。高不确定性环境更能激发自恋型主管的自信、支配性和迷人的魅力（Nevicka et al.，2013）。而职业适应力是一种心理社会结构和能力资源，是可能随时间和情况而变化的自我调节能力，尤其是组织中的支持性因素会促进职业适应力的发展。在高不确定性环境下，自恋型领导善于用愿景来激励下属，让员工坚定立场并且能够说服下属克服困难（Maccoby，2007），上级主管坚定的信心和富有激情的鼓舞会使员工相信自己能和上级一起克服困难，这种员工的自我相信和肯定会强化其实际行动能力（Creed，2003），最终增强员工的职业适应力。相反，在低不确定性环境下，下属感受到更多的是自恋型领导的自私自利、消极的领导方式，会削弱员工的职业适应力，影响员工的职业发展。

由上述阐述，我们提出以下假设：

H7：环境不确定性负向调节自恋型领导与职业适应力之间的关系。在高不确定性环境下，自恋型领导会增强员工的职业适应力，而在低不确定性环境下，自恋型领导会削弱员工的职业适应力。

（四）员工传统性的调节作用

李锐等学者（2012）认为，中国人的传统性是指最能体现传统中国人的性格和价值取向的特点，包括思想观念、认知态度、行为意愿、价值取向等方面。这些方面体现了传统价值观念在个人心中的认可（Farh，Earley & Lin，1997），比如男性优势、孝亲敬祖、遵从权威等方面。在组织行为学的相关研究中，学者们常用传统性的遵从权威来表达整体特征。

在已有的研究文献中，很好地探讨了在不同的国家情境中，文化因素（如传统性、规范、价值观）对员工职业成功的影响（Ituma & Simpson，2007）。吴隆增等（2009）的研究表明，由于主管对下属展示出不良的管理行为，而传统的员工能够保持自我的克制并且仍然服从上级主管的命令，甚至可能将这种行为视为主管的一种"严爱"，而不太会降低其对上级主管的信任。因此，我们认为，员工的传统性会影响员工对自恋型领导行为的认知。高传统性员工对自恋型领导的专制行为、剥削行为、攻击行为等负面行为有较高的包容度，由此自恋型领导对员工的职业自我效能感产生的负面影响则会变弱，而低传统性员工则相反。许多研究均验证了传统性在情境因素影响员工职场行为与结果的过程中所发挥的调节作用。Farh 等（2007）验证了中国人的传统性弱化了组织支持感对工作产出的影响作用。另外，吴隆增等（2009）通过分析 112 位主管和 283 位员工的配对样本数据发现，员工的传统性越高，辱虐管理和员工对主管的信任的负向影响就越弱。这进一步说明了传统性在员工缓解其承受的不良行为时所发挥的积极作用。基于以上理论推导与已有的实证结论，我们认为，员工的传统性可能会调节自恋型领导与员工职业自我效能感的关系。因此，我们提出如下假设：

H8：员工的传统性负向调节自恋型领导与员工职业自我效能感的关系。员工的传统性越高，自恋型领导与员工职业自我效能感的负相关关系越弱。

(五) 员工支配性的调节作用

支配性人格经常用于描述喜欢以不健康方式控制事情或其他人的个性特点 (Horowitz et al., 2006)。有支配性人格的个体存在多个共同特征。具有支配性人格的员工自信、高效、有竞争力、直言不讳，对权力有着强烈的渴望 (Hong & Kaur, 2008)。而人格心理学相关的研究表明，支配性人格的个体享受控制或指挥别人的过程，并会因为意愿被违背而发怒 (Shechtman & Horowitz, 2006)，他们与其他人的关系往往建立在极端任务导向和专注于实现目标的基础上。而也有研究表明，一些支配性得分较高的个体对待其他人会超出简单的控制，甚至达到虐待的程度。关于自恋型人格的研究表明，自恋与支配性是正相关关系 (Bradlee & Emmons, 1992；Emmons, 1987；Raskin & Terry, 1988)，相关系数高达 0.7，这就表明，自恋型领导往往具有较高的支配性。

研究表明，领导力不仅与领导本身有关，而且是一种双向影响的过程 (Day, 2012；Uhl-Bien, 2006)，因此，下属扮演的角色与作用开始受到学者们的关注 (Carsten et al., 2010)。在上下级互动中，人际互补理论提供了一个上下级特质是如何相互影响的研究框架 (Sadler, Ethier & Woody, 2011)。这表明员工的特质和上级主管特质的相互作用会对主管与下属的互动关系产生影响。以前对于互补的研究框架大多采用人际环形模型 (Leary, 1957)，有两个独立的维度——亲和性和支配性——构成了笛卡尔平面的横轴和纵轴 (Kiesler, 1996；Sadler et al., 2011)。研究一致认为互补性要求亲和性的相似和支配性的对立（Kiesler，1996；Sadler et al.，2009；Sadler & Woody，2003）。换句话说，善意的行为导致善意的行为，敌对的行为导致敌对的行为，但支配性的行为可能招致顺从的行为。根据人际互补理论，我们认为，下属的支配性程度会调节自恋型领导与上下级关系冲突的关系。当下属的支配性得分较高时，下属的行为就会表现出喜欢竞争，倾向于掌控全局，且喜欢发号施令，争强好胜，且不易妥协。然而，自恋型领导本身就具备较高的支配性，一山难容二虎，因此，就会出现下属与上级主管争夺主导权，上下级之间较容易发生争执摩擦，因而会加剧上下级关系冲突。当下属的支配性得分较低时，则意味着下属的顺从性较强，他们更喜欢被控制，并且很在乎被照顾。正是这一原因，下属的低支配性性格往往会使得上下级关系更容易达到和谐和默契，因为他们都扮演最舒服的角色。因此，我们认为低支配性人格的下属与自恋型领导共事会更为和谐，并且双方对于领导成员关系都会更为满意，而高支配型下属与自恋型领导共事将会激发更多矛盾和对立，上下级关系冲突将会加强（London，2019）。实证研究表明，人际互补即支配性与顺从性会导致更多的满足和和谐的关系（Dryer & Horowitz，1997；Kiesler，1996；Shechtman & Horowitz，2006）。例如，在实验室的实验中，参与者更喜欢跟表现出和自己的支配性性格目标互补的实验伙伴配对（Dryer & Horowitz，1997）。同样，高支配性性格参与者与其他高支配性性格参与者配对时，他们更为易怒（Shechtman & Horowitz，2006）。

基于上述理论探讨和现实基础，我们提出以下假设：

H9：员工的支配性正向调节自恋型领导与上下级关系冲突之间的关系。与低支配性员工相比，面对高支配性员工，自恋型领导将会导致更强的上下级关系冲突。

（六）员工主动性的调节作用

主动性人格概念是 1993 年西方学者 Bateman 和 Crant 首先提出的，他们认为主动性人格是个体在面对不利环境时，采取积极主动的行为适应和改变周围环境的比较稳定的人格特质。通常来说，主动性较高的个体，会主动接受面对的挑战，积极调整自己以适应环境。

根据生涯建构理论，我们认为，下属的主动性特质负向调节自恋型领导与职业适应力的关系。当下属的主动性特质较显著时，面对具有自恋型领导风格的上级，下属对不利于自己的消极领导行为会积极主动地调整自己，以降低领导对自己职业发展的不利影响，因此，高主动性的员工会更好地调整自己以适应职业发展，其职业适应力并不会因自恋型领导的负面行为而产生大的影响。相反的是，当下属的主动性特质得分较低时，意味着工作中较多地依赖于上级主管的指令和工作安排，对主管的依赖性更大，其职业发展更容易受上级主管的影响，一旦领导呈现极端利己且消极负面的领导风格，员工较难快速调整自己以适应职业发展，因此，职业适应力会进一步削弱。因此，我们认为高主动性特质的下属面对自恋型领导时，职业适应力并不会受太大影响，而低主动性特质的下属面对自恋型领导时，职业适应力会受到严重削弱。

基于上述理论探讨，我们提出以下假设：

H10：员工的主动性负向调节自恋型领导与职业适应力之间的关系。员工的主动性越低，自恋型领导与员工职业适应力的负相关关系越强。

四、有调节的中介效应假设

（一）职业自我效能感被调节的中介效应

鉴于职业自我效能感在自恋型领导与员工职业成功之间起中介作用，环境不确定性和员工传统性分别调节自恋型领导与职业自我效能感的关系，我们认为环境不确定性和员工传统性对职业自我效能感的中介效应也有调节作用，也就是说职业自我效能感在自恋型领导与员工职业成功之间的中介作用的强弱受环境不确定性和员工传统性的影响。因此，我们提出以下假设：

H11：职业自我效能感在自恋型领导与员工职业成功之间的中介作用受到环境不确定性的调节。

H11a：职业自我效能感在自恋型领导与员工主观职业成功之间的中介作用受到环境不确定性的调节。环境不确定性越高，职业自我效能感在自恋型领导与员工主观职业成功之间的中介作用就越弱；反之越强。

H11b：职业自我效能感在自恋型领导与员工客观职业成功之间的中介作用受到环境不确定性的调节。环境不确定性越高，职业自我效能感在自恋型领导与员工客观职业成功之间的中介作用就越弱；反之越强。

H12：职业自我效能感对自恋型领导与员工职业成功之间的中介作用受到员工传统性的调节。

H12a：职业自我效能感在自恋型领导与员工主观职业成功之间的中介作用受到员工传统性的调节。员工传统性越高，职业自我效能感在自恋型领导与员工主观职业成功之间的中介作用就越弱；反之越强。

H12b：职业自我效能感在自恋型领导与员工客观职业成功之间的中介作用受到员工传统性的调节。员工传统性越高，职业自我效能感在自恋型领导与员工客观职业成功之间的中介作用就越弱；反之越强。

（二）上下级关系冲突被调节的中介效应

鉴于上下级关系冲突在自恋型领导与员工职业成功之间起中介作用，环境不确定性和员工支配性分别调节自恋型领导与上下级关系冲突的关系，我们认为环境不确定性和员工支配性对上下级关系冲突的中介效应也有调节作用，也就是说上下级关系冲突在自恋型领导与员工职业成功之间的中介作用的强弱受环境不确定性和员工支配性的影响。因此，我们提出以下假设：

H13：上下级关系冲突在自恋型领导与员工职业成功之间的中介作用受到环境不确定性的调节。

H13a：上下级关系冲突在自恋型领导与员工主观职业成功之间的中介作用受到环境不确定性的调节。环境不确定性越高，上下级关系冲突在自恋型领导与员工主观职业成功之间的中介作用就越弱；反之越强。

H13b：上下级关系冲突在自恋型领导与员工客观职业成功之间的中介作用受到环境不确定性的调节。环境不确定性越高，上下级关系冲突在自恋型领导与员工客观职业成功之间的中介作用就越弱；反之越强。

H14：上下级关系冲突对自恋型领导与员工职业成功之间的中介作用受到员工支配性的调节。

H14a：上下级关系冲突在自恋型领导与员工主观职业成功之间的中介作用受到员工支配性的调节。员工支配性越高，上下级关系冲突在自恋型领导与员工主观职业成功之间的中介作用就越强；反之越弱。

H14b：上下级关系冲突在自恋型领导与员工客观职业成功之间的中介作用受到员工支配性的调节。员工支配性越高，上下级关系冲突在自恋型领导与员工客观职业成功之间的中介作用就越强；反之越弱。

（三）职业适应力被调节的中介效应

鉴于员工职业适应力在自恋型领导与员工职业成功之间起中介作用，环境不确定性和员工主动性分别调节自恋型领导与职业适应力的关系，我们认为环境不确定性和员工主动性对职业适应力的中介效应也有调节作用，也就是说职业适应力在自恋型领导与员工职业成功之间的中介作用的强弱受环境不确定性和员工主动性的影响。因此，我们提出以下假设：

H15：员工职业适应力在自恋型领导与员工职业成功之间的中介作用受到环境不确定性的调节。

H15a：员工职业适应力在自恋型领导与员工主观职业成功之间的中介作用受到环境不确定性的调节。环境不确定性越高，员工职业适应力在自恋型领导与员工主观职业成功之间的中介作用就越弱；反之越强。

H15b：员工职业适应力在自恋型领导与员工客观职业成功之间的中介作用受到环境不确定性的调节。环境不确定性越高，员工职业适应力在自恋型领导与员工客观职业成功之间的中介作用就越弱；反之越强。

H16：员工职业适应力对自恋型领导与员工职业成功之间关系的中介作用受到员工主动性的调节。

H16a：员工职业适应力在自恋型领导与员工主观职业成功之间的中介作用受到员工主动性的调节。员工主动性越低，员工职业适应力在自恋型领导与员工主观职业成功之间的中介作用就越强；反之越弱。

H16b：员工职业适应力在自恋型领导与员工客观职业成功之间的中介作用受到员工主动性的调节。员工主动性越低，员工职业适应力在自恋型领导与员工客观职业成功之间的中介作用就越强；反之越弱。

研究假设汇总

本章以研究模型为依据，基于社会认知职业理论、人格特质理论、优势互补理论、生涯建构理论，对各变量之间的关系进行了深入的理论推导和逻辑演绎之后，提出了本研究的所有假设，汇总如表4—2所示。

表4—2　自恋型领导与员工职业成功研究假设汇总

编号	假设内容
H1	自恋型领导对员工的职业成功有显著负向影响
H1a	自恋型领导对员工的客观职业成功有显著负向影响

编号	假设内容
H1b	自恋型领导对员工的主观职业成功有显著负向影响
H2	职业自我效能感在自恋型领导与员工的职业成功之间起中介作用
H2a	职业自我效能感在自恋型领导与员工的主观职业成功之间起中介作用
H2b	职业自我效能感在自恋型领导与员工的客观职业成功之间起中介作用
H3	上下级关系冲突在自恋型领导与员工的职业成功之间起中介作用
H3a	上下级关系冲突在自恋型领导与员工的主观职业成功之间起中介作用
H3b	上下级关系冲突在自恋型领导与员工的客观职业成功之间起中介作用
H4	职业适应力在自恋型领导与员工的职业成功之间起中介作用
H4a	职业适应力在自恋型领导与员工的主观职业成功之间起中介作用
H4b	职业适应力在自恋型领导与员工的客观职业成功之间起中介作用
H5	环境不确定性负向调节自恋型领导与员工职业自我效能感的关系。环境不确定性程度越高，自恋型领导与员工职业自我效能感的负向关系越弱
H6	环境不确定性负向调节自恋型领导与上下级关系冲突之间的关系。与高不确定性环境相比，在低不确定性环境下，自恋型领导会激发更多的上下级关系冲突
H7	环境不确定性负向调节自恋型领导与职业适应力之间的关系。在高不确定性环境下，自恋型领导会增强员工的职业适应力，而在低不确定性环境下，自恋型领导会削弱员工的职业适应力
H8	员工的传统性负向调节自恋型领导与员工职业自我效能感的关系。员工的传统性越高，自恋型领导与员工职业自我效能感的负相关关系越弱
H9	员工的支配性正向调节自恋型领导与上下级关系冲突之间的关系。与低支配性员工相比，面对高支配性员工，自恋型领导将会导致更强的上下级关系冲突
H10	员工的主动性负向调节自恋型领导与职业适应力之间的关系。员工的主动性越低，自恋型领导与员工职业适应力的负相关关系越强
H11	职业自我效能感在自恋型领导与员工职业成功之间的中介作用受到环境不确定性的调节

编号	假设内容
H11a	职业自我效能感在自恋型领导与员工主观职业成功之间的中介作用受到环境不确定性的调节。环境不确定性越高，职业自我效能感在自恋型领导与员工主观职业成功之间的中介作用就越弱；反之越强
H11b	职业自我效能感在自恋型领导与员工客观职业成功之间的中介作用受到环境不确定性的调节。环境不确定性越高，职业自我效能感在自恋型领导与员工客观职业成功之间的中介作用就越弱；反之越强
H12	职业自我效能感对自恋型领导与员工职业成功之间的中介作用受到员工传统性的调节
H12a	职业自我效能感在自恋型领导与员工主观职业成功之间的中介作用受到员工传统性的调节。员工传统性越高，职业自我效能感在自恋型领导与员工主观职业成功之间的中介作用就越弱；反之越强
H12b	职业自我效能感在自恋型领导与员工客观职业成功之间的中介作用受到员工传统性的调节。员工传统性越高，职业自我效能感在自恋型领导与员工客观职业成功之间的中介作用就越弱；反之越强
H13	上下级关系冲突在自恋型领导与员工职业成功之间的中介作用受到环境不确定性的调节
H13a	上下级关系冲突在自恋型领导与员工主观职业成功之间的中介作用受到环境不确定性的调节。环境不确定性越高，上下级关系冲突在自恋型领导与员工主观职业成功之间的中介作用就越弱；反之越强
H13b	上下级关系冲突在自恋型领导与员工客观职业成功之间的中介作用受到环境不确定性的调节。环境不确定性越高，上下级关系冲突在自恋型领导与员工客观职业成功之间的中介作用就越弱；反之越强
H14	上下级关系冲突对自恋型领导与员工职业成功之间的中介作用受到员工支配性的调节
H14a	上下级关系冲突在自恋型领导与员工主观职业成功之间的中介作用受到员工支配性的调节。员工支配性越高，上下级关系冲突在自恋型领导与员工主观职业成功之间的中介作用就越强；反之越弱
H14b	上下级关系冲突在自恋型领导与员工客观职业成功之间的中介作用受到员工支配性的调节。员工支配性越高，上下级关系冲突在自恋型领导与员工客观职业成功之间的中介作用就越强；反之越弱

编号	假设内容
H15	员工职业适应力在自恋型领导与员工职业成功之间的中介作用受到环境不确定性的调节
H15a	员工职业适应力在自恋型领导与员工主观职业成功之间的中介作用受到环境不确定性的调节。环境不确定性越高,员工职业适应力在自恋型领导与员工主观职业成功之间的中介作用就越弱;反之越强
H15b	员工职业适应力在自恋型领导与员工客观职业成功之间的中介作用受到环境不确定性的调节。环境不确定性越高,员工职业适应力在自恋型领导与员工客观职业成功之间的中介作用就越弱;反之越强
H16	员工职业适应力对自恋型领导与员工职业成功之间的中介作用受到员工主动性的调节
H16a	员工职业适应力在自恋型领导与员工主观职业成功之间的中介作用受到员工主动性的调节。员工主动性越低,员工职业适应力在自恋型领导与员工主观职业成功之间的中介作用就越强;反之越弱
H16b	员工职业适应力在自恋型领导与员工客观职业成功之间的中介作用受到员工主动性的调节。员工主动性越低,员工职业适应力在自恋型领导与员工客观职业成功之间的中介作用就越强;反之越弱

本章小结

在理论研究综述的基础上,提出了自恋型领导与员工职业成功的主效应假设及职业自我效能感、上下级关系冲突、职业适应力的中介效应假设及环境不确定性、传统性、支配性、主动性调节效应的理论假设,构建一个整合三中介的研究模型。

第五章 研究设计与研究程序

第一节 研究设计

第四章的内容是关于自恋型领导与员工职业成功的所有假设，为了进一步从实证数据对所有提出的假设进行检验，本研究总共选取了三个研究样本进行问卷调查。

首先，第一个样本是为了检验自恋型领导对员工职业成功的主效应，及从 Know-why 视角检验职业自我效能感在两者之间的中介效应及环境不确定性与员工传统性在自恋型领导与员工职业自我效能感之间的调节效应。在本轮企业问卷调研过程中，为了避免同源偏差问题，我们主要采用了两阶段数据收集方法。第一时间点主要测量员工的个人基本信息、自恋型领导、职业自我效能感；第二时间点主要测量环境不确定性、员工传统性及员工主客观职业成功数据。为了避免类似概念出现混淆，我们把职业自我效能感放在第一阶段测量，职业成功放在第二阶段测量。问卷调查的具体题项内容详见附录 B。

其次，第二个样本是为了从 Know-whom 视角检验上下级关系冲突在自恋型领导与员工职业自我效能感之间的中介效应及环境不确定性、员工支配性在自恋型领导与上下级关系冲突之间的调节效应，并且避免和第一样本中变量之间的交互效应，本研究采取了第二轮调研进行数据采集。和第一个样本一样，为了避免同源偏差问题，我们采取两阶段法进行数据采集，第一时间点主要采集员工的个人基本信息、自恋型领导、上下级关系冲突；第二时间点主要采集环境不确定性、员工支配性及员工主客观职业成功数据。问卷调查的具体题项内容详见附录 B。

最后，第三个样本为了从 Know-how 视角检验员工的职业适应力在自恋型领导与员工职业成功之间的中介效应、环境不确定性及员工主动性在自恋型领导与员工的职业适应力之间的调节效应，并且避免和第一样本和第二样本中变量之间的交互效应，我们进行了第三轮问卷调研，并且为了避免同源偏差问题，我们采用两阶段时间间隔调查方法收集数据。在第一时间点主要采集员工的个人基本信息、自恋型领导、职业适应力数据，第二时间点主要采集环境不确定性、员工主动性及员工主客观职业成功数据。问卷调查内容请详见附录 B。

第二节 样本一的整体描述

一、研究样本

为了检验自恋型领导对员工职业成功的主效应，职业自我效能感的中介效应及环境不确定性、员工传统性的调节效应（研究模型见图 5—1），本次调研收集了第一个独立调研样本。本次调研的样本主要是来自武汉和荆州的两所高校的 MBA 学员及武汉和荆州两地的企业单位。调研对象来自 34 家单位，主要涉及制造业、IT、医疗等不同的行业。

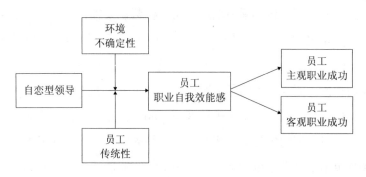

图 5—1　样本一检验的研究模型

　　本次调研问卷通过两种方式发放，一种方式是发放电子版的问卷；另外一种方式是委托调研单位的人力资源管理部门进行发放，以纸质问卷为主。本次调研采用两阶段方法发放，先后隔 60 天左右。两种问卷发放方式为第一时间点共发放问卷 312 份，收回问卷 274 份，剔除回答题项缺失严重的问卷和随意填答的问卷 23 份后，收回有效问卷 251 份；第二时间点共发放 315 份，收回问卷 281 份，剔除无效问卷后收回有效问卷 264 份，删除第一、第二时间点不能配对的样本，共得到 218 对有效数据，最终有效回收率为 68.3%。本次调研样本的结构性描述显示如表 5—1 所示，男性员工（64.7%）多于女性员工（35.3%）；平均年龄为 28.57(标准差为 4.27)，其中 25 岁到 30 岁的最多；员工的学历，本科及以上占绝大多数，占 92.2%；被试技术岗位的占 50.0%，管理岗位的占 30.3%；被试的职称／技术等级以初级和中级职称

为主，初级的占 49.1%，中级的占 44.0%，员工的工龄，1—3
年的最多，占 41.3%；被试上级主管的管理层级，以中层居多，
占 48.6%；上下级共事时间，以 1 年及以内、1—3 年居多，共
占 85.3%，可见组织内管理者的调整及员工的流动比较快；被试
来自国企的占 26.1%，民营的占 57.8%，外资企业的占 6.4%。
由此可见，被试以国企和民企为主。

表 5—1　被试样本的结构描述（样本一）

名称	类别	频次	百分比（%）
性别	男	141	64.7
	女	77	35.3
年龄	均值/标准差	28.57（M.）	4.27（S.D.）
学历	高中（含中专）及以下	2	0.9
	大专	15	6.9
	本科	171	78.4
	硕士及以上	30	13.8
工龄	1 年及以内	17	7.8
	1—3 年	90	41.3
	3—5 年	41	18.8
	5—7 年	26	11.9
	7 年以上	44	20.2
岗位类别	管理类	66	30.3
	专业技术类	109	50.0
	其他	43	19.7

名称	类别	频次	百分比（%）
职称/技术等级	初级	107	49.1
	中级	96	44.0
	副高	11	5.0
	正高	4	1.9
主管管理层级	基层管理人员	67	30.7
	中层管理人员	106	48.6
	高层管理人员	45	20.7
上下级共事时间	1年及以内	89	40.8
	1—3年	97	44.5
	3—5年	22	10.1
	5—7年	5	2.3
	7年以上	5	2.3
单位性质	国有企业	57	26.1
	民营企业	126	57.8
	外资企业	14	6.4
	其他	21	9.6

二、调查程序

本次调查主要采用电子问卷和纸质问卷进行调研。在调查开始之前，针对 MBA 学员和 IT 企业的具体特点，首先，MBA 学员比较分散，来自不同的单位，我们联系了湖北的两所高校的 MBA 教育中心的主管教师，让其对所有学员发送邮件，并把事先拟定好的问卷调查注意事项一并发送过去。其次，考虑到 IT 企业员工工作较忙，而且基本上是网上办公，所以也采用电子问卷调研方式，主要是通过人力资源经理的协助，获取调研对象的邮箱，然后一一发送邮件，回收问卷时通过对第一时间点调研对象的文件名进行编码，来对接第二阶段的问卷，第一时间点和第二时间点相隔 60 天左右。针对武汉和荆州的企业员工，我们采用委托人力资源部门发放纸质问卷的方式开展调研。在开展企业调查之前，首先，与企业的人力资源部门负责人进行沟通联络，确定调研时间。其次，正式发放问卷之前，与人力资源部门负责人交代调研注意事项，尤其是强调两阶段问卷匹配的方法，通过事先对问卷进行编码，把两阶段的同一个调研对象编成同一个编号。此外，即使忘记编码或编码失效，我们在问卷中也设计了题项，如通过第一阶段和第二阶段个人的性别和年龄的对应，来配对第一、第二阶段的问卷。

为了提高采集数据的真实性和有效性，我们通过对调研目的的说明和对个人填答信息保密的承诺，以消除被调研对象的疑虑。考虑到本研究中涉及对上级主管的评价，而且是关于"自恋"比较敏感的字眼，为了消除被调研员工的不安全感，电子问卷是发送到指定邮箱，纸质问卷则是通过信封封装的方式，让调研对象填写完了之后用双面胶封好交给人事部门。

三、测量量表

在人力资源管理和领导学领域的权威期刊中，大多数研究变量采用成熟的量表进行测量，主要有两个考虑。一是，成熟的量表在过去的研究中得到了大量专家学者的认可，适用性较好；二是，成熟的量表经过大量实证数据的充分验证，一般来说，具有较好的信度和效度。因此，本研究中所有变量的测量均采用受国内外充分使用的成熟量表。

本次问卷调查测量的变量主要包括自恋型领导、职业自我效能感、环境不确定性、员工传统性、主客观职业成功等方面。为了确保所测变量的题项具有较高准确性和易读性，我们采用标准的翻译和回译两个步骤。首先，请本专业一位具有海外留学（美国）经历的博士，将英文条目翻译成对应的中文。其次，再找一位本专业人力资源研究方向的博士将中文翻译成英文，这两步都是独立完成。最后组织了一场调研问卷的讨论会，邀请了两位博导、一位青年教师及三位同领域博士生参与探讨，最终确定问卷的中文版本。本研究中所有量表均采用 Likert 五点评分方法（1表示非常不符合；5 表示非常符合）进行评价。

自恋型领导：最早测量自恋特质的方式是采用 NPI（Narcissistic Personality Inventory）人格测验，但考虑到自恋题项的敏感性，采用自我评价报告的方式往往难以得到比较客观的结果。学术界逐渐采用 Emmons（1984）编制的 10 个条目的自恋测量量表，以下属对上级主管行为评价的方式反映上级的自恋。过去的研究表明，该量表测量的结果与 NPI（Narcissistic Personality Inventory）自恋人格的测量结果高度相关。具体题项内容见第三章表 3—2。

职业自我效能感：员工职业自我效能感的测量采用 Thomas Rigotti 于 2008 年编制的 6 条目的测量量表。具体题项内容见表5—2。

表 5—2　职业自我效能感的测量量表

编号	题项内容
CE1	面对工作中的困难时我可以保持冷静，因为我可以依靠我的个人能力解决
CE2	当我面对工作中的问题时，我通常能找到多个解决方案
CE3	无论工作中遇到什么难题，我通常都能解决
CE4	过去的工作经验为我的职业发展做好了准备
CE5	我实现了自己的工作目标
CE6	我为工作中的大多数要求做好了准备

职业成功：本研究的职业成功包括主观职业成功和客观职业成功，测量内容采用 Eby 等人（2003）提出的职业满意度、组织内竞争力、组织外竞争力三个方面，共包括 11 个题项，其中职业满意度（主观职业成功）采用 Greenhaus 等人（1990）开发的量表，包括 5 个题项；客观职业成功采用 Eby 等人（2003）开发的量表，主要包括组织内竞争力(3 个题项)、组织外竞争力(3 个题项)。具体题项内容见表 5—3。

表 5—3　职业成功的测量量表

编号	题项内容
CS1	我被组织看作是宝贵的资源
CS2	组织认为我的技能和经验能为其创造价值
CS3	我在组织里的发展机会有很多
CS4	在别的组织，我很容易就能找到与现在相类似的工作
CS5	凭我的技能和经验，我有很多工作机会可以选择
CS6	因为我的技能和经验，其他组织会视我为有价值的资源

续表

编号	题项内容
CS7	我对我的职业所取得的成就感到满意
CS8	我对自己在职业目标中取得的进步感到满意
CS9	我对自己在收入目标中取得的进步感到满意
CS10	我对自己在晋升目标中取得的进步感到满意
CS11	我对自己在获得新技能目标中取得的进步感到满意

环境不确定性：环境不确定性的测量采用 De Hoogh 等人（2005）编制的 3 个题项的测量量表。具体题项内容见表 5—4。

表 5—4 环境不确定性的测量量表

编号	题项内容
E1	我所在的部门或团队的工作环境富于变化
E2	我所在的部门或团队的工作环境充满了挑战
E3	我所在的部门或团队的工作环境提供了非常多的改变机会

员工传统性：员工传统性的测量采用 Farh 等人（1997）编制的测量量表，考虑到 15 个原始题项中部分题项并不适合现代情境，我们参考了李锡元等（2014）、于维娜等（2015）的做法，采用因子载荷相对较高的 5 个题项，该量表在许多研究中得到了广泛的应用，并且表现出了较好的信度和效度。具体题项内容见表 5—5。

表 5—5 传统性的测量量表

编号	题项内容
T1	如果因事争执不下，应请辈分最高的人主持公道

编号	题项内容
T2	要避免发生错误，最好的办法是听领导的话
T3	父母所尊敬的人，子女也应尊敬
T4	女子婚前接受父亲管教，出嫁后则应顺从丈夫
T5	政府首脑等于是大家长，一切国家大事都应该听从他的决定

控制变量：过去关于职业成功的研究表明，人口和人力资本特征对职业成功会有一定的影响（Ng et al.，2005），因此，本研究把员工的性别、教育程度、工龄（因工龄和年龄显著正相关，故选取工龄）、职位级别作为控制变量，以更好地估算假设变量的效应值。其中，性别：男性用"1"表示，女性用"2"表示；教育程度：高中/中专及以下用"1"表示，大专用"2"表示，本科用"3"表示，研究生及以上用"4"表示；工龄：1 年及以内用"1"表示，1—3 年用"2"表示，3—5 年用"3"表示，5—7 年用"4"表示，7 年以上用"5"表示。

以上变量测量的具体属性见表5—6。

表5—6 样本一测量变量汇总

序号	变量名称		题项数量	题项来源
1	自恋型领导		10	Robert A. Emmons（1984）
2	传统性		5	Farh et al.（1997）
3	环境不确定性		3	De Hoogh et al.（2005）
4	职业自我效能感		6	Thomas Rigotti（2008）
5	职业成功	主观职业成功	5	Greenhaus et al.（1990）
		客观职业成功	6	Eby et al.（2003）

第三节　样本二的整体描述

一、研究样本

为了检验上下级关系冲突的中介效应及环境不确定性、员工支配性的调节效应（研究模型见图5—2），本次调研收集了第二个独立调研样本，主要是来自西安、北京和天津三地的企业共32家，主要涉及制造业、IT、粮食、化工等不同的行业。本次调研问卷主要是委托调研单位的人力资源管理部门进行发放，以纸质问卷为主。

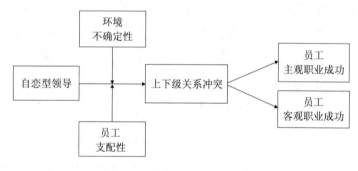

图5—2　样本二检验的研究模型

本次调研与样本一类似，为了避免同源误差问题，采用两阶段方法发放，先后隔60天左右。第一时间点共发放问卷339份，收回问卷278份，剔除回答题项缺失严重的问卷和随意填答的问卷21份后，收回有效问卷256份；第二时间点共发放332份，收回问卷285份，剔除无效问卷后收回有效问卷270份，删除第一、第二时间点不能配对的样本，共得到228对有效数据，最终有效回收率为 68.0%。本次调研样本的结构性描述显示如表 5—7 所示，男性员工（65.4%）多于女性员工（34.6%）；平均年龄为 28.7（标准差为 4.4），其中 25 岁到 30 岁的最多；员工的学历，本科及以上占绝大多数，占 91.7%；被试技术岗位的占 50.9%，管理岗位的占 29.4%；被试的职称 / 技术等级以初级和中级职称为主，初级的占 48.2%，中级的占 42.5%；员工的工龄，1—3 年的最多，占 41.2%；被试上级主管的管理层级，以中层居多，占 48.7%；上下级共事时间，以 1 年及以内、1—3 年居多，共占 84.3%，可见组织内管理者的调整及员工的流动比较快；被试来自国企的占 27.5%，民营的占 56.1%，外资企业的占 6.1%。由此可见，被试以国企和民企为主。

表 5—7 被试样本的结构描述（样本二）

名称	类别	频次	百分比（%）
性别	男	149	65.4
	女	79	34.6
年龄	均值 / 标准差	28.7（M.）	4.4（S.D.）
学历	高中（含中专）及以下	3	1.3
	大专	16	7.0
	本科	174	76.3
	硕士及以上	35	15.4
工龄	1 年及以内	17	7.5
	1—3 年	94	41.2
	3—5 年	41	18.0
	5—7 年	26	11.4
	7 年以上	50	21.9

名称	类别	频次	百分比（%）
岗位类别	管理类	67	29.4
	专业技术类	116	50.9
	其他	45	19.7
职称/技术等级	初级	110	48.2
	中级	97	42.5
	副高	17	7.5
	正高	4	1.8
主管管理层级	基层管理人员	71	31.1
	中层管理人员	111	48.7
	高层管理人员	46	20.2
上下级共事时间	1年及以内	92	40.4
	1—3年	100	43.9
	3—5年	23	10.1
	5—7年	5	2.2
	7年以上	8	3.4
单位性质	国有企业	63	27.5
	民营企业	128	56.1
	外资企业	14	6.1
	其他	23	10

二、调查程序

本次调查主要采用纸质问卷进行调研。在调查开始之前，我们根据社会关系，联系了企业的人力资源部门主管，确定了调研的时间和方式，通过委托人力资源部门主管进行问卷发放。正式发放问卷之前，与人力资源部门负责人交代调研注意事项，尤其是强调两阶段问卷匹配的方法，通过事先对问卷进行编码，把两阶段的同一个调研对象编成同一个编号。此外，即使忘记编码或编码失效，我们在问卷中也设计了题项，如通过对应第一阶段和第二阶段个人的性别和年龄，来匹配第一、第二阶段的问卷。第一时间点和第二时间点相隔 60 天左右。

为了提高采集数据的真实性和有效性，我们通过对调研目的的说明和对个人填答信息保密的承诺，以消除被调研对象的疑虑。考虑到本研究中涉及对上级主管的评价，而且是关于"自恋""关系冲突"等比较敏感的字眼，为了消除被调研员工的不安全感，我们通过信封封装的方式，让调研对象填写完了之后用双面胶封好交给人事部门。

三、测量量表

本次样本要检验的关系中所涉及的变量包括自恋型领导、上下级关系冲突、支配性、职业成功，均采用国内外学者充分使用的成熟量表。和样本一的做法类似，为了确保所测变量的题项具有较高准确性和易读性，我们采用标准的翻译和回译两个步骤。首先，请本专业一位具有海外留学（美国）经历的博士，将英文条目翻译成对应的中文。其次，再找一位本专业人力资源研究方向的博士将中文翻译成英文，这两步都是独立完成。最后，组织了一场调研问卷的讨论会，邀请了一位博导、一位青年教师及三位同领域博士生参与探讨，最终确定问卷的中文版本。本研究中所有量表均采用 Likert 五点评分方法（"1"表示非常不符合；"5"表示非常符合）进行评价。

自恋型领导：见样本一，采用 Emmons（1984）编制的 10 个条目的自恋测量表，以下属评价的方式反映感知到的上级自恋。具体题项内容见第三章表 3—2。

上下级关系冲突：员工的职业自我效能感的测量采用 Thomas Rigotti 于 2008 年编制的 4 条目测量量表。具体题项内容见表 5—8。

表 5—8　上下级关系冲突的测量量表

编号	题项内容
S1	我和上级之间经常发生冲突
S2	我和上级之间由于性格差异经常发生矛盾
S3	我和上级之间关系很紧张
S4	我和上级之间发生情感冲突频率很高

职业成功：见样本一，职业满意度（主观职业成功）采用 Greenhaus 等人（1990）开发的量表，包括 5 个题项；客观职业成功采用 Eby 等人（2003）开发的量表，主要包括组织内竞争力（3 个题项）、组织外竞争力（3 个题项）。具体题项内容见表 5—3。

环境不确定性：环境不确定性的测量采用 De Hoogh 等人（2005）编制的 3 个题项的测量量表。具体题项内容见表 5—4。

员工支配性：采用 CAT-Personality Disorder Scales Static Form 支配性人格的测量量表，共 6 个题项。具体题项内容见表 5—9。

表 5—9　支配性的测量量表

编号	题项内容
D1	我会指使他人
D2	我对权力有强烈的需求
D3	我会坚持让别人按我的方式做事
D4	我喜欢拥有对他人的威信
D5	我会对他人提出要求
D6	我被认为是一个有控制欲的人

控制变量：按样本一的做法，把员工的性别、教育程度、工龄、职称/技术等级作为控制变量。

以上变量测量的具体属性见表 5—10。

表 5—10　样本二测量变量汇总

序号	变量名称		题项数量	题项来源
1	自恋型领导		10	Robert A. Emmons（1984）
2	支配性		5	CAT-Personality Disorder Scales Static Form
3	环境不确定性		3	De Hoogh et al.（2005）
4	上下级关系冲突		4	Thomas Rigotti（2008）
5	职业成功	主观职业成功	5	Greenhaus et al.（1990）
		客观职业成功	6	Eby et al.（2003）

第四节　样本三的整体描述

一、研究样本

为了检验员工的职业适应力在自恋型领导与员工职业成功之间的中介效应、环境不确定性及员工主动性在自恋型领导与员工的职业适应力之间的调节效应（研究模型见图5—3），并且避免和第一样本和第二样本中变量之间的交互效应，我们进行了第三个样本调研，本次调研的样本主要是来自广州、上海和深圳三地的企业。本次调研问卷主要是委托调研单位的人力资源管理部门进行发放，以纸质问卷为主。

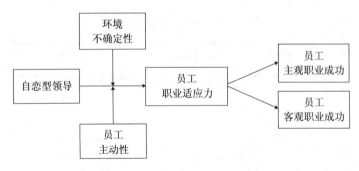

图5—3　样本三检验的研究模型

本次调研与样本一、二类似，为了避免同源误差问题，采用两阶段方法发放，先后隔60天左右。第一时间点共发放问卷331份，收回问卷274份，剔除回答题项缺失严重的问卷和随意填答的问卷19份后，收回有效问卷255份；第二时间点共发放334份，收回问卷287份，剔除无效问卷后收回有效问卷268份，删除第一、第二时间点不能配对的样本，共得到 225 对有效数据，最终有效回收率为 67.7%。本次调研样本的结构性描述显示如表 5—11 所示，男性员工（64.9%）多于女性员工（35.1%）；平均年龄为 28.7（标准差为 4.3），其中 25 岁到 30 岁的最多；员工的学历，本科及以上占绝大多数，占 92.4%；被试技术岗位的占 49.8%，管理岗位的占 31.1%；被试的职称/技术等级以初级和中级职称为主，初级的占 48.9%，中级的占 43.6%；员工的工龄，1—3 年的最多，占 40.4%；被试上级主管的管理层级，以中层居多，占 48.9%；上下级共事时间，以 1 年及以内、1—3年居多，共占 83.2%，可见组织内管理者的调整及员工的流动比较快；被试来自国企的占 26.7%，民营的占 56.9%，外资企业的占 6.2%。由此可见，被试以国企和民企为主。

表 5—11　被试样本的结构描述（样本三）

名称	类别	频次	百分比（%）
性别	男	146	64.9
	女	79	35.1
年龄	均值/标准差	28.7（M.）	4.3（S.D.）
学历	高中（含中专）及以下	2	0.9
	大专	15	6.7
	本科	175	77.8
	硕士及以上	33	14.6
工龄	1 年及以内	17	7.6
	1—3 年	91	40.4
	3—5 年	45	20.0
	5—7 年	26	11.6
	7 年以上	46	20.4

名称	类别	频次	百分比（%）
岗位类别	管理类	70	31.1
	专业技术类	112	49.8
	其他	43	19.1
职称／技术等级	初级	110	48.9
	中级	98	43.6
	副高	13	5.8
	正高	4	1.7
主管管理层级	基层管理人员	68	30.2
	中层管理人员	110	48.9
	高层管理人员	47	20.9
上下级共事时间	1年及以内	89	39.6
	1—3年	98	43.6
	3—5年	26	11.6
	5—7年	7	3.1
	7年以上	5	2.2
单位性质	国有企业	60	26.7
	民营企业	128	56.9
	外资企业	14	6.2
	其他	23	10.2

二、调查程序

本次调查主要采用纸质问卷进行调研。在调查开始之前，我们根据社会关系，联系了广州、上海和深圳的企业共33家，联系了企业的人力资源部门主管，确定了调研的时间和方式，通过委托人力资源部门主管进行问卷发放。正式发放问卷之前，与人力资源部门负责人交代调研注意事项，尤其是强调两阶段问卷匹配的方法，通过事先对问卷进行编码，把两阶段的同一个调研对象编成同一个编号。此外，即使忘记编码或编码失效，我们在问卷中也设计了题项，如通过对应第一阶段和第二阶段个人的性别和年龄，来匹配第一、第二阶段的问卷。第一时间点和第二时间点相隔 60 天左右。

为了提高采集数据的真实性和有效性，我们通过对调研目的的说明和对个人填答信息保密的承诺，以消除被调研对象的疑虑。考虑到本研究中涉及对上级主管的评价，而且是关于"自恋"等比较敏感的字眼，为了消除被调研员工的不安全感，我们通过信封封装的方式，让调研对象填写完了之后用双面胶封好交给人事部门。

三、测量量表

本次样本要检验的关系中所涉及的变量包括自恋型领导、职业适应力、主动性、职业成功，均采用国内外学者充分使用的成熟量表。和样本一、二的做法类似，为了确保所测变量的题项具有较高的准确性和易读性，我们采用标准的翻译和回译两个步骤。首先，请本专业一位具有海外留学（美国）经历的博士，将英文条目翻译成对应的中文。其次，再找一位本专业人力资源研究方向的博士将中文翻译成英文，这两步都是独立完成。最后，组织了一场调研问卷的讨论会，邀请了两位博导、一位青年教师及三位同领域博士生参与探讨，最终确定问卷的中文版本。本研究中所有量表均采用 Likert 五点评分方法（"1"表示非常不符合；

"5"表示非常符合)进行评价。

自恋型领导:见样本一,采用 Emmons(1984)编制的 10 个条目的自恋测量表,以下属评价的方式反映感知到的上级自恋。具体题项内容见第三章表 3—2。

职业适应力:员工的职业适应力的测量采用中国、英国、美国、法国、意大利等十八个国家的心理学家形成的国际学术小组于 2012 年基于 Savickas(2005)构念编制的职业适应力问卷 Career Adaption Abilities Scale(CARS)国际版 2.0。该量表包括职业关注、职业控制、职业好奇和职业自信四个维度,每个量表有六个题目,总量表共有 24 个题目,经翻译成不同语言的版本,施测后都得到了很好的信效度。具体题项内容见表 5—12。

表 5—12　职业适应力的测量量表

编号	题项内容
CA1	我会思考自己的未来是什么样子的
CA2	我认识到当下的选择会影响到自己的未来
CA3	我会为我的未来做准备
CA4	我意识到自己必须做的教育和职业选择
CA5	我会计划如何达到目标
CA6	我关注自己的职业生涯
CA7	我拥有乐观的心态
CA8	我能自己做决定
CA9	我能对自己的行为负责
CA10	我坚持自己的信念
CA11	我凡事靠自己

编号	题项内容
CA12	我会做自己认为对的事
CA13	我会积极地去收集与自己未来发展有关的信息
CA14	我会寻找个体发展的机会
CA15	我不会鲁莽做决定
CA16	我会注意观察做事的不同方法
CA17	我会深入探究自己存在的问题
CA18	我对于新机遇会保持好奇心
CA19	我能有效地完成任务
CA20	我能认真做好每件事
CA21	我注重学习新技能
CA22	我对工作竭尽全力
CA23	我能克服障碍
CA24	我解决问题的能力强

职业成功：职业满意度（主观职业成功）采用 Greenhaus 等人（1990）开发的量表，包括 5 个题项；客观职业成功采用 Eby 等人（2003）开发的量表，主要包括组织内竞争力（3 个题项）、组织外竞争力（3 个题项）。具体题项内容见表 5—3。

环境不确定性：环境不确定性的测量采用 De Hoogh 等人（2005）编制的 3 个题项的测量量表。具体题项内容见表 5—4。

员工主动性：员工主动性的测量采用 Bateman 和 Grant（1993）编制的测量量表中载荷最高的六个题项来测量。具体题项内容见表 5—13。

表 5—13　主动性的测量量表

编号	题项内容
P1	如果看到不喜欢的事，我会想办法去解决它
P2	不论成功机会有多大，只要我相信一件事，我就会将它变为现实
P3	如果我相信某个想法，那就没有任何困难能够阻止我去实现它
P4	即使别人反对，我也愿意坚持自己的想法
P5	我善于发现机会
P6	我总是在寻找更好的方法来做事

控制变量：本研究把员工的性别、教育程度、工龄、职位级别作为控制变量。

以上测量变量的具体属性见表 5—14。

表 5—14　样本三测量变量汇总

序号	变量名称		题项数量	题项来源
1	自恋型领导		10	Robert A. Emmons（1984）
2	主动性		6	Bateman & Grant（1993）
3	环境不确定性		3	De Hoogh et al.（2005）
4	职业适应力		24	Career Adaption Abilities Scale（CARS）
5	职业成功	主观职业成功	5	Greenhaus et al.（1990）
		客观职业成功	6	Eby et al.（2003）

本章小结

本章研究介绍了自恋型领导对员工职业成功影响机制的研究程序和研究方法，并对验证研究假设的三个独立样本进行了样本结构描述，对涉及的所有变量的测量量表进行了介绍，最后分析了影响本研究关系验证的控制变量。

第六章 自恋型领导对员工职业成功影响机制的实证检验

第一节 样本一的假设验证

一、变量的信度和效度检验

样本一主要检验自恋型领导对员工职业成功的主效应、职业自我效能感的中介效应及环境不确定性、传统性在自恋型领导与职业自我效能感的调节效应。因此，需要对研究中的变量进行信效度分析。

（一）变量的信度检验

量表的信度（Reliability）是指量表测量结果的稳定性、可靠性和一致性（吴明隆，2010）。本研究中，我们主要用Cronbach α 系数来评估量表的信度。学者 Nunnally（1978）认为，如果 Cronbach α 系数大于 0.7，表明量表的内部一致性可以接受，如果大于 0.8 则说明一致性很好。这一标准得到了很多社会学研究领域专家学者的认同。样本一中需测量的各相关变量的 Cronbach α 系数如表 6—1 所示。

表6—1 样本一中各相关变量的信度系数

序号	变量名称		题项数量	Cronbach α 系数
1	自恋型领导		10	0.829
2	传统性		5	0.812
3	环境不确定性		3	0.827
4	职业自我效能感		6	0.821
5	职业成功	主观职业成功	5	0.890
		客观职业成功	6	0.825

由表6—1可知，变量的 Cronbach α 系数均大于0.8，表明各量表均有较好的内部一致性，符合研究要求。

（二）变量的效度检验

量表的效度（Validity）是指量表测量结果的准确性，也即是量表在多大程度上测出构念所反映的内容。本研究主要选择聚合效度和区分效度对量表的效度进行分析。

1. 聚合效度

聚合效度（Convergent Validity）是指不同的测量数据反映同一构念的相关性程度，一般来说，不同的测量分数之间由于反映相同的构念而高度相关（吴明隆，2013），如果因子载荷的路径系数显著且大于0.5，我们认为是可以接受的聚合效度，如果系数大于0.7，则表明具有较高的聚合效度。

自恋型领导量表的探索性因子分析。第三章的实证研究中已表明构念自恋型领导的各题项具有较高的聚合效度。

传统性量表的探索性因子分析。该量表的 KMO 值为0.799（大于0.7表示为良好），这表明传统性的各题项之间存在共同因子。同时，我们获得的传统性构念的 Bartlett's 球形检验的 x^2 值为 1061.32，且为 0.00 显著性水平，可以进行因子分析。通过抽取特征根大于 1 的因子，结果显示为 1 个因子，累计解释总变异量为 72.18%，各题项的因子载荷在 0.801—0.917 之间，表明传统性量表的各题项具有较高的聚合效度。

环境不确定性量表的探索性因子分析。该量表的 KMO 值为 0.873，这表明环境不确定性的各题项之间存在共同因子。同时，我们获得的环境不确定性构念的 Bartlett's 球形检验的 x^2 值为 936.26，且为 0.00 显著性水平，可以进行因子分析。通过抽取特征根大于 1 的因子，结果显示为 1 个因子，累计解释总变异量为 71.82%，各题项的因子载荷在 0.752—0.903 之间，表明环境不确定性量表的各题项具有较高的聚合效度。

职业自我效能感量表的探索性因子分析。该量表的 KMO 值为 0.892，这表明职业自我效能感的各题项之间存在共同因子。同时，我们获得的职业自我效能感构念的 Bartlett's 球形检验的 x^2 值为 1108.53，且为 0.00 显著性水平，可以进行因子分析。通过抽取特征根大于 1 的因子，结果显示为 1 个因子，累计解释总变异量为 74.91%，各题项的因子载荷在 0.761—0.912 之间，表明职业自我效能感量表的各题项具有较高的聚合效度。

职业成功量表的探索性因子分析。该量表的 KMO 值为 0.851，这表明职业成功的各题项之间存在共同因子。同时，我们获得的职业成功构念的 Bartlett's 球形检验的 x^2 值为 991.33，且为 0.00 显著性水平，可以进行因子分析。通过抽取特征根大于 1 的因子，结果显示为 3 个因子，累计解释总变异量为 77.24%，各题项的因子载荷在 0.782—0.911 之间，表明职业成功量表的各题项具有较高的聚合效度。

另一方面，我们也可以从 AVE 值（平均方差提取值）来观察量表题项反映构念的程度，AVE 值越大越能有效反映其所指构念。通常来说，如果 AVE 值大于 0.5，才表明其聚合效度可接受。各变量的 AVE 值见表 6—2，最小值为 0.57，均超过临界值 0.50，再一次表明各变量具有较好的聚合效度。

表 6—2　样本一中各变量 AVE 值

变量名称	自恋型领导	传统性	环境不确定性	职业自我效能感	主观职业成功	客观职业成功
AVE 值	0.60	0.57	0.59	0.61	0.62	0.61

2.区分效度

区分效度的检验方法与第二章的一致，我们采用卡方（x^2）、自由度（df）和近似误差均方根（RMSEA）这类指标衡量本研究的理论模型与样本数据的拟合程度；用相对拟合指数，如 Tucker-Lewis 指数（TLI，也称为非范拟合指数）、增值拟合指数（IFI）和比较拟合指数（CFI）这一类指标表示理论模型的拟合度和零模型（假设所有观察变量间协方差均为 0）的拟合度，结果如表 6—3 所示。

表6—3 样本一测量模型各量表的区分效度检验

测量模型	x^2	df	x^2/df	CFI	IFI	TLI	RMSEA
M1:NL; CS; EU; ET; SC; OC	372.211	135	2.757	0.912	0.903	0.901	0.074
M2:NL; EU+ET; CS; SC; OC	632.752	137	4.618	0.886	0.878	0.882	0.103
M3:NL; CS; EU+ET; SC+OC	872.116	140	6.229	0.789	0.852	0.871	0.132
M4:NL; CS; EU+ET+SC+OC	1004.457	141	7.120	0.781	0.844	0.862	0.145
M5:NL+CS+EU+ET; SC+OC	1234.483	142	8.690	0.748	0.766	0.803	0.161
M6: NL+CS+EU+ET+SC+OC	1485.962	143	10.391	0.644	0.656	0.696	0.247

注1:**$p<0.01$;N=218;NL 为自恋型领导, EU 为环境不确定性, ET 为员工传统性, SC 为主观职业成功, OC 为客观职业成功, CS 为职业自我效能感, + 表示合并。

注2:模型 M2 合并两个调节变量员工传统性和环境不确定性。

注3:模型 M3 把两个调节变量员工传统性和环境不确定性合并, 再把主观职业成功和客观职业成功合并。

注4:模型 M4 合并员工传统性、环境不确定性、主观职业成功和客观职业成功。

注5:模型 M5 合并自恋型领导、职业自我效能感、员工传统性及环境不确定性, 合并主观职业成功和客观职业成功。

注6:模型 M6 合并所有变量。

从表6—3的分析结果可以看出, 六因子测量模型（M1）的拟合指标 x^2/df 为 2.757、CFI 为 0.912、IFI 为 0.903、TLI 为 0.901、RMSEA 为 0.074, 相比其他五个测量模型, 六因子模型的卡方与自由度比值 x^2/df 最小且小于 3, CFI、IFI、TLI 值均大于 0.9, RMSEA 值低于 0.08, 这表明六因子模型拟合最佳, 所有因子载荷均显著 (p <0.01), 具有较高的区分效度。

二、变量的同源方法偏差检验

样本一中所有变量的测量均由同一调研对象来完成，因此，可能出现同源偏差问题。为了对同源方法偏差进行有效的控制，我们根据周浩、龙立荣的研究建议，采用程序控制的方式进行，具体操作方法就是在采集本研究的数据时分两阶段进行，以尽量避免同源方法偏差问题。尽管采用了匿名、分阶段采集数据等方法，但产生的同源方法偏差问题还是无法根除，所以本研究采用 Harman 的单因素方法检验同源方法偏差。第一步，构建一个包括本研究所有变量题项的因子；第二步，对所有题项进行探索性因子分析，我们得到的未旋转的（最大的因子）因子解释方差变异比例为 18.4%，不足总解释方差变异比例 53.7%的一半。这一结果表明，采集的测量数据具有较好的稳定性，不会干预运行结果。

三、变量的描述性统计

我们采用 SPSS 21.0 对本研究中所涉及变量的均值、标准差和相关系数进行描述，具体如表6—4所示。从表中数据的 Pearson 相关性分析可以得出，自恋型领导与员工主观职业成功（r=-0.23，p<0.01）及客观职业成功（r=-0.21，p<0.01）显著负相关。自恋型领导与职业自我效能感显著负相关（r=-0.16，p<0.01），职业自我效能感与主观职业成功（r=0.40，p<0.01）及客观职业成功（r=0.41，p<0.01）显著正相关。这些变量之间的初步相关关系，为进一步验证假设提供了基础。此外，性别与员工主观职业成功（r=0.11，p<0.05）及客观职业成功（r=-0.17， p<0.05）显著相关，工龄与主观职业成功（r=0.21，p<0.01）及客观职业成功（r=0.22，p<0.01）显著正相关，教育程度与主观职业成功（r=0.24，p<0.01）及客观职业成功（r=0.26，p<0.01）显著正相关，职称/技术等级与主观职业成功（r=0.27，p<0.01）及客观职业成功（r=0.28，p<0.01）显著正相关，说明人口特征变量性别、工龄、教育程度、职称/技术等级显著影响个体的职业成功。因此，在后面的回归分析中，需要把这些变量的影响控制起来。

表6—4　样本一各变量的描述性统计和相关系数

变量	Mean	SD	1	2	3	4	5	6	7	8	9
1.性别	1.35	0.48									
2.教育程度	3.05	0.49	-0.03								
3.工龄	2.95	1.29	0.05	-0.27**							
4.职称/技术等级	1.60	0.67	0.10	0.41**	0.34**						
5.自恋型领导	3.18	0.46	0.02	0.05	0.01	0.03					
6.职业自我效能感	3.48	0.59	0.07	0.13	0.26*	0.42**	-0.16**				
7.环境不确定性	3.38	0.84	-0.03	-0.01	0.03	0.02	0.04	0.01			
8.员工传统性	2.24	0.19	-0.02	-0.12	0.09	0.14	0.01	0.02	0.04		
9.主观职业成功	3.22	0.87	0.11*	0.24**	0.21**	0.27**	-0.23**	0.40**	-0.06	0.05	
10.客观职业成功	3.52	0.57	-0.17*	0.26**	0.22**	0.28**	-0.21**	0.41**	-0.04	-0.02	0.70**

注：性别、教育程度、工龄、职称/技术等级为类别变量，N=218，*p<0.05，**p<0.01。

四、假设检验

（一）自恋型领导对员工职业成功的主效应检验

上述关于变量的相关性分析结果表明，自恋型领导与员工主观职业成功、客观职业成功负向相关。然而，由于员工的性别、工龄、教育程度、职称/技术级别等人口统计学变量可能对职业成功会产生较大的影响，从而对自恋型领导与员工职业成功的关系产生干扰。因此，在构建层次回归模型时，我们把上述人口统计学变量列为控制变量，来检验自恋型领导对员工职业成功的主效应。在检验主效应时，我们也同时检验模型中各变量的多重共线性问题。

本研究主效应的检验主要是通过 SPSS 21.0 进行的。在构建多元回归模型时，我们先将员工的性别、工龄、教育程度、职称/技术级别四个人口统计学变量作为自变量，员工主观职业成功（职业满意度）、客观职业成功为因变量，构建了模型 M1 和 M3。然后，我们再把上述人口统计学变量作为控制变量，自恋型领导为自变量，员工主观职业成功和客观职业成功为因变量，分别构建了回归模型 M2 和 M4。对模型中各变量的多重共线性的检验，我们选取了方差膨胀因子（Variance Inflation Factor，VIF）进行判断，VIF 值小于 10，则表明模型中的变量不存在严重的多重共线性问题（吴明隆，2010）。

对相关变量进行多元线性回归，结果如表 6—5 所示。员工的教育程度与员工主观职业成功（职业满意度）（$\beta=0.224$，$p<0.05$；见模型 M1）和客观职业成功（$\beta=0.241$，$p<0.05$；见模型 M3）存在显著影响；员工的职称/技术级别与员工主观职业成功（职业满意度）（$\beta=0.262$，$p<0.05$；见模型 M1）和客观

职业成功（β=0.274，p<0.05；见模型 M3）存在显著影响。在控制了员工性别、工龄、教育程度、职称/技术等级等变量的影响之后，自恋型领导对员工主观职业成功（职业满意度）的回归模型 M2 的 F 值检验达到显著水平（F=10.953，p<0.01），模型对变异量的解释力提高 13.8%，自恋型领导对员工主观职业成功有显著负向影响（β=-0.239，p<0.001；见模型 M2），假设 H1a 进一步得到验证。在控制了人口统计学变量的影响之后，自恋型领导对员工客观职业成功的回归模型 M4 的 F 值检验达到显著水平（F=9.172，p<0.01），模型对变异量的解释力提高 12.3%，自恋型领导对员工客观职业成功有显著负向影响（β=-0.218，p<0.001；见模型 M4），假设 H1b 进一步得到验证。

表 6—5　自恋型领导对员工职业成功影响的
主效应回归分析结果（样本一）

变量	主观职业成功		客观职业成功	
	M1	M2	M3	M4
控制变量				
性别	0.125	0.121	-0.164	-0.111
工龄	0.171	0.103	0.192	0.115
教育程度	0.224*	0.186*	0.241*	0.202*
职称/技术级别	0.262*	0.157*	0.274*	0.134*
自变量				
自恋型领导		-0.239***		-0.218***
R^2	0.025	0.163	0.033	0.156
ΔR^2		0.138**		0.123**
F 值	4.437**	10.953**	4.872**	9.172**
VIF		2.521~4.135		2.353~4.335

注：N=218，*p<0.05，**p<0.01，***p<0.001（双尾检验）。

（二）职业自我效能感的中介效应检验

根据我国学者温忠麟等（2004）的中介效应检验程序，采用 Baron 和 Kenny（1986）提出的中介效应验证模型，分三步进行检验。第一步，自变量与因变量显著相关；第二步，自变量与中介变量显著相关；第三步，同时做自变量、中介变量对因变量的回归，中介变量与因变量的相关性仍然显著，但自变量与因变量的相关性减弱或消失。

根据 Baron 和 Kenny（1986）中介效应检验的三个步骤，员工职业自我效能感在自恋型领导和员工的职业成功之间的中介作用检验分三步，见表 6—6。第一步，在控制了员工性别、工龄、教育程度以及职称 / 技术级别等变量后，自变量与因变量显著相关，即自恋型领导显著负向影响员工主观职业成功（$\beta = -0.293$，$p < 0.001$；见模型 M3），回归模型的 F 值达到显著水平（F=6.872，$p < 0.01$），模型对变异量的解释提高 11.7%；自恋型领导显著负向影响员工的客观职业成功（$\beta = -0.218$，$p < 0.001$；见模型 M6），回归模型的 F 值达到显著水平（F=9.713，$p < 0.01$），模型对变异量的解释提高 11.3%。第二步，在控制了人口统计学变量的影响后，自恋型领导与员工职业自我效能感显著负相关（$\beta = -0.207$，$p < 0.001$；见模型 M1），回归模型的 F 值达到显著水平（F=8.743，$p < 0.01$）。第三步，在模型 M4 和模型 M7 中加入了员工职业自我效能感之后，自恋型领导对员工主观职业成功（$\beta = -0.186$，$p < 0.05$；见模型 M4）和客观职业成功（$\beta = -0.161$，$p < 0.05$；见模型 M7）的影响得到削弱。这说明员工职业自我效能感在自恋型领导与员工主观职业成功及客观职业成功之间起到

了部分中介作用。假设 H2a、假设 H2b 得到部分验证。

表 6—6　职业自我效能感的中介效应回归分析结果

变量	职业自我效能感	主观职业成功			客观职业成功		
	M1	M2	M3	M4	M5	M6	M7
性别	0.116	0.122	0.121	0.113	-0.164	-0.111	0.113
工龄	0.203	0.164	0.103	0.155	0.192	0.115	0.155
教育程度	0.164	0.213*	0.186*	0.204*	0.241*	0.202*	0.204*
职称/技术级别	0.348*	0.259*	0.157*	0.237*	0.274*	0.134*	0.207*
自恋型领导	-0.207***		-0.293***	-0.186*		-0.218***	-0.161*
职业自我效能感				0.413***			0.421***
R^2	0.135	0.024	0.141	0.253	0.033	0.146	0.263
ΔR^2			0.117**	0.112**		0.113**	0.123**
F 值	8.743**	4.437**	6.872**	7.097**	4.872**	9.713**	8.177**
VIF				2.372~6.053			2.615~5.829

注：N=218，*$p<0.05$，**$p<0.01$，***$p<0.001$（双尾检验）。

　　虽然目前学者们在广泛采用 Baron 和 Kenny（1986）的三步检验步骤检验中介效应，但该方法因其并没有对间接效应（Indirect effect）进行检验，而间接效应的检验，才是复杂模型中中介机制的关键所在。因此，本研究采用 Hayes 等（2013）提出的 Bootstrap 中介效应检验方法进一步检验职业自我效能感的中介效应。Bootstrap 中介效应判定方法是选取了间接效应不为零作为判断是否存在中介效应的指标。具体的判断方法就是，计算自变量对中介变量的回归系数和中介变量对因变量的回归系数，然后把两个回归系数相乘，如果乘积不等于零且显著，则表明中介效应显著。本研究是基于 SPSS 软件的 PROCESS 宏程序的 Bootstrap 方法进行中介效应分析，具体结果见表6—7。在控制了员工性别、工龄、教育程度以及职称/技术等级等变量之后，自恋型领导通过员工职业自我效能感影响员工主观职业成功和客观职业成功的间接效应显著（不为0），95%置信区间不包含零，再一次验证了假设 H2a 和假设 H2b。

表6—7　基于 Bootstrap 方法的职业自我效能感中介作用检验

中介变量	主观职业成功			客观职业成功		
	间接效应值	标准误差	95%置信区间	间接效应值	标准误差	95%置信区间
职业自我效能感	-0.087	0.015	(0.03, 0.19)	-0.089	0.021	(0.02, 0.23)

注：N=218；Boostrap 抽样次数 =5000。

（三）调节效应检验

根据 Aiken 和 West 的调节效应三步检验法（见表6—8），如果要检验 M 对 X 与 Y 之间关系的调节效应，第一步，构建控制变量对 Y 的回归方程；第二步，把控制变量控制起来，构建 X 和 M 对 Y 的回归模型，观察对 Y 的解释效应是否增加；第三步，构建 X 和 M 的交互项对 Y 的回归模型，如果交互项对 Y 有显著影响，且回归模型的解释效应增加，那么 M 的调节效应显著。所以，根据上述的三步法，我们来分别检验环境不确定性及员工传统性对自恋型领导与职业自我效能感的调节效应。第一步，如模型 M1 所示，把员工性别、工龄、教育程度以及职称/技术等级等控制变量放入对职业自我效能感的回归方程；第二步，如模型 M3 所示，加入自恋型领导和环境不确定性两个变量的主效应，

对职业自我效能感的解释效应明显增加（ΔR^2=0.168，p<0.001），
同时如模型 M5 所示，加入自恋型领导和员工传统性两个变量的
主效应，对职业自我效能感的解释效应明显增加（ΔR^2=0.180，
p<0.001）；第三步，如模型 M4 所示，将自恋型领导和环境不
确定性的交互项加入回归方程，结果发现自恋型领导和环境不
确定性的交互效应对职业自我效能感有显著影响（β=0.224，
p<0.001），对职业自我效能感的解释效应明显增加（ΔR^2=0.084，
p<0.001），表明环境不确定性显著调节自恋型领导与职业自我效
能感的关系，假设 H5 得到初步验证，同样的操作如模型 M6，
结果发现自恋型领导和传统性的交互效应对职业自我效能感没有
显著影响（β=-0.105，p>0.05），表明传统性在自恋型领导与职
业自我效能感之间并无调节效应，假设 H8 没有得到验证。

表6—8 环境不确定性及传统性的调节效应检验

变量	职业自我效能感					
	M1	M2	M3	M4	M5	M6
第一步（控制变量）						
性别	0.121	0.116	0.109	0.101	0.124	0.126
工龄	0.201	0.203	0.212	0.205	0.241	0.203
教育程度	0.156	0.164	0.161	0.146	0.139	0.162
职称/技术等级	0.313*	0.348*	0.322*	0.314*	0.321*	0.316*
第二步（主效应）						
自恋型领导		-0.207***	-0.209***	-0.182**	-0.206***	-0.204***
环境不确定性			0.036	0.061		
员工传统性					0.011	0.008

续表

变量	职业自我效能感					
	M1	M2	M3	M4	M5	M6
第三步 （交互效应）						
自恋型领导 × 环境不确定性				0.224***		
自恋型领导 × 员工传统性						-0.105
R^2	0.043	0.135	0.211	0.295	0.223	0.229
ΔR^2		0.092***	0.168***	0.084***	0.180***	0.006*
F	4.129**	8.743***	14.376***	17.548***	13.558***	15.113*
VIF				1.321~2.752		1.412~2.673

注：N=218，*p<0.05，**p<0.01，***p<0.001（双尾检验）。

为了更加清楚地说明环境不确定性调节作用，按照 Aiken 和 West 的建议，选取了在自恋型领导和环境不确定性平均值以下和以上各一个标准差的四个基点（为了避免共线性的问题，对自变量和调节变量均做了中心化的处理），绘制了自恋型领导与环境不确定性的相互作用关系图（见图6—1）。从图6—1中可以看出环境不确定性的负向调节效应十分明显，即当环境不确定性得分较低时，自恋型领导与职业自我效能感之间的负相关关系十分显著；当环境不确定性得分较高时，两者之间呈正相关关系，假设H5得到进一步验证。

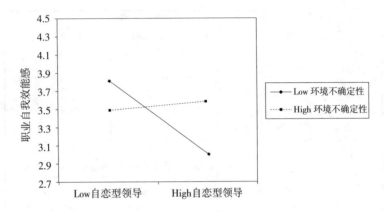

图6—1　环境不确定性与自恋型领导对职业自我效能感的相互作用关系图

（四）有调节的中介作用检验

为了检验假设 H11、H11a、H11b 即有调节的中介作用是否成立，我们通过 Hayes（2015）提出的系数乘积法检验间接效应对调节变量的函数斜率，即有调节的中介效应的判定指标（index）来检验模型的显著性。Hayes（2015）指出对调节效应的中介检验（即有调节的模型中中介效应的检验），只需要检验交互项 X、W 对 Y 的间接效应是否显著（X 为自变量，W 为调节变量，Y 为因变量）。因此，我们将样本按照调节变量的大小分为两组，高于调节变量均值一个标准差的数据作为高值组，低于调节变量均值一个标准差的数据作为低值组，分别对两组的中介效应值进行计算。表6—9 的结果显示，当环境不确定性高时（处于高值组），职业自我效能感在自恋型领导与主观职业成功之间的中介效应较弱（β=0.044，95% 置信区间不含 0），而当环境不确定性低时（处于低值组），该中介效应更强（β=-0.124，

95%置信区间不含0）；当环境不确定性高时（处于高值组），职业自我效能感在自恋型领导与客观职业成功之间的中介效应较弱（β=0.042，95%置信区间不含0），而当环境不确定性低时（处于低值组），该中介效应更强（β=-0.128,95%置信区间不含0）。因此，与环境不确定性高时相比，当环境不确定性低时，职业自我效能感在自恋型领导与主观职业成功及客观职业成功之间的中介效应均更强（高低组中介效应差异值分别为0.168、0.172，且假设显著），假设H11、H11a、H11b得到了验证。

表6—9 有调节的中介作用检验结果

因变量	调节变量	β（中介效应值）	SE（标准误差）	95%置信区间	
				上限	下限
主观职业成功	高环境不确定性	0.044	0.013	0.019	0.027
	低环境不确定性	-0.124	0.015	0.070	0.006
客观职业成功	高环境不确定性	0.042	0.017	-0.019	0.027
	低环境不确定性	-0.128	0.021	0.070	0.006

注：N=218；Boostrap 抽样次数 =5000。

第二节 样本二的假设验证

一、变量的信度和效度检验

样本二主要是再次检验自恋型领导对员工职业成功的主效应，检验上下级关系冲突的中介效应及环境不确定性、员工支配性在自恋型领导与上下级关系冲突的调节效应。因此，需要对研究中的变量进行信效度分析。

（一）变量的信度检验

本研究中，我们主要用 Cronbach α 系数来评估量表的信度。样本二中需测量的各相关变量的 Cronbach α 系数如表6—10所示。

表6—10　样本二中各相关变量的信度系数

序号	变量名称		题项数量	Cronbach α 系数
1	自恋型领导		10	0.638
2	员工支配性		6	0.896
3	环境不确定性		3	0.739
4	上下级关系冲突		4	0.801
5	职业成功	主观职业成功	5	0.887
		客观职业成功	6	0.826

由表6—10可知，变量的 Cronbach α 系数均大于 0.8，表明各量表均有较好的内部一致性，符合研究要求。

（二）变量的效度检验

本研究主要选择聚合效度和区分效度对量表的效度进行分析。

1.聚合效度

一般来说，如果因子载荷的路径系数显著且大于 0.5，我们认为是可以接受的聚合效度，如果系数大于 0.7，则表明具有较高的聚合效度。

在样本一中我们已经检验了自恋型领导、职业成功、环境不确定性的聚合效度，数据表明自恋型领导、职业成功、环境不确定性量表的各题项具有较高的聚合效度。

支配性量表的探索性因子分析。该量表的 KMO 值为 0.874，这表明支配性的各题项之间存在共同因子。同时，我们获得的支配性构念的 Bartlett's 球形检验的 x^2 值为 1004.35，且为 0.00 显著性水平，可以进行因子分析。通过抽取特征根大于 1 的因子，结果显示为 1 个因子，累计解释总变异量为 69.17%，各题项的因子载荷在 0.813—0.916 之间，表明支配性量表的各题项具有较高的聚合效度。

上下级关系冲突量表的探索性因子分析。该量表的 KMO 值为 0.863，这表明上下级关系冲突的各题项之间存在共同因子。同时，我们获得的上下级关系冲突构念的 Bartlett's 球形检验的 x^2 值为 933.92，且为 0.00 显著性水平，可以进行因子分析。通过抽取特征根大于 1 的因子，结果显示为 1 个因子，累计解释总变异量为 72.77%，各题项的因子载荷在 0.835—0.922 之间，表明上下级关系冲突量表的各题项具有较高的聚合效度。

另一方面，我们也可以从 AVE 值（平均方差提取值）来观察量表题项反映构念的程度，AVE 值越大越能有效反映其所指构念。通常来说，如果 AVE 值大于 0.5，才表明其聚合效度可接受。各变量的 AVE 值见表 6—11，最小值为 0.58，均超过临界值 0.50，再一次表明各变量具有较好的聚合效度。

表 6—11　样本二中各变量 AVE 值

变量名称	自恋型领导	员工支配性	环境不确定性	上下级关系冲突	主观职业成功	客观职业成功
AVE 值	0.61	0.58	0.58	0.62	0.63	0.59

2.区分效度

本研究采用 M-Plus 7.4 对各量表进行验证性因子分析来检验

各量表的区分效度。从表 6—12 的分析结果可以看出，六因子测量模型（M1）的拟合指标 x^2/df 为 2.669，CFI 为 0.896，IFI 为 0.901，TLI 为 0.904，RMSEA 为 0.069，相比其他五个测量模型，六因子模型的卡方与自由度比值 x^2/df 最小且小于 3，CFI 值近似 0.9，IFI、TLI 值均大于 0.9，RMSEA 值低于 0.08，这表明六因子模型拟合最佳，所有因子载荷均显著（p<0.01），具有较高的区分效度。

表 6—12　样本二测量模型各量表的区分效度检验

测量模型	x^2	df	x^2/df	CFI	IFI	TLI	RMSEA
M1: NL; RC; EU; ED; SC; OC	352.257	132	2.669	0.896	0.901	0.904	0.069
M2: NL; EU+ED; RC; SC; OC	602.862	133	4.526	0.847	0.864	0.873	0.107
M3: NL; RC; EU+ED; SC+OC	798.456	136	5.867	0.794	0.847	0.861	0.125
M4: NL; RC; EU+ED+SC+OC	950.442	137	6.985	0.768	0.839	0.857	0.134
M5: NL+RC+EU+ED; SC+OC	1133.733	139	8.151	0.755	0.769	0.844	0.152
M6: NL+RC+EU+ED+SC+OC	1355.063	141	9.610	0.623	0.656	0.691	0.268

注 1：N=228；NL 为自恋型领导，EU 为环境不确定性，ED 为员工支配性，SC 为主观职业成功，OC 为客观职业成功，RC 为上下级关系冲突，+ 表示合并。

注 2：模型 M2 合并两个调节变量员工支配性和环境不确定性。

注 3：模型 M3 把两个调节变量员工支配性和环境不确定性合并，再把主观职业成功和客观职业成功合并。

注 4：模型 M4 合并员工支配性、环境不确定性、主观职业成功和客观职业成功。

注 5：模型 M5 合并自恋型领导、上下级关系冲突、员工支配性及环境不确定性，合并主观职业成功和客观职业成功。

注 6：模型 M6 合并所有变量。

二、变量的同源方法偏差检验

本研究中所有变量的测量均由同一调研对象来完成，因此，可能出现同源偏差问题。为了对同源方法偏差进行有效的控制，我们根据周浩、龙立荣的研究建议，采用程序控制的方式进行，具体操作方法就是在采集本研究的数据时分两阶段进行，以尽量避免同源方法偏差问题。尽管采用了匿名、分阶段采集数据等方法，但产生的同源方法偏差问题还是无法根除，所以本研究采用 Harman 的单因素方法检验同源方法偏差。第一步，构建一个包括本模型所有变量题项的因子；第二步，对所有题项进行探索性因子分析，我们得到的未旋转的（最大的因子）因子解释方差变异比例为 16.9%，不足总解释方差变异比例 51.2% 的一半。这一结果表明，采集的测量数据具有较好的稳定性，不会干预运行结果。

三、变量的描述性统计

我们采用 SPSS 21.0 对本研究中所涉及变量的均值、标准差和相关系数进行描述，具体如表 6—13 所示。从表中数据的 Pearson 相关性分析可以得出，自恋型领导与员工主观职业成功（r=-0.23，p<0.01）及客观职业成功（r=-0.22，p<0.01）显著负相关。自恋型领导与上下级关系冲突显著正相关（r=0.26，p<0.01），上下级关系冲突与主观职业成功（r=-0.37，p<0.01）及客观职业成功（r=-0.34，p<0.01）显著负相关。这些变量之间的初步相关关系，为进一步验证假设提供了基础。此外，性别与员工主观职业成功（r=0.12，p<0.05）及客观职业成功（r=-0.16， p<0.05）显著相关，教育程度与主观职业成功（r=0.23，p<0.01）及客观职业成功（r=0.25，p<0.01）显著正相关，工龄与主观职业成功（r=0.22，p<0.01）及客观职业成功（r=0.23，p<0.01）显著正相关，职称／技术等级与主观职业成功（r=0.26，p<0.01）及客观职业成功（r=0.27，p<0.01）显著正相关，说明人口特征变量性别、工龄、教育程度、职称／技术等级显著影响个体的职业成功。因此，在后面的回归分析中，需要把这些变量的影响控制起来。

表6—13　样本二各变量的描述性统计和相关系数

变 量	Mean	SD	1	2	3	4	5	6	7	8	9
1.性别	1.35	0.48									
2.教育程度	3.06	0.52	-0.02								
3.工龄	2.99	1.31	0.04	-0.25**							
4.职称／技术等级	1.62	0.70	0.09	0.44**	0.53**						
5.自恋型领导	3.19	0.46	0.03	0.04	0.02	0.03					
6.上下级关系冲突	1.85	0.62	0.01	-0.05	0.06	0.16	0.26**				
7.环境不确定性	3.39	0.85	-0.04	-0.02	0.05	0.03	0.06	0.01			
8.员工支配性	2.69	0.74	0.06	-0.10	0.03	0.13	0.15**	0.02	0.05		
9.主观职业成功	3.21	0.86	0.12*	0.23**	0.22**	0.26**	-0.23**	-0.37**	-0.05	0.12*	
10.客观职业成功	3.51	0.57	-0.16*	0.25**	0.23**	0.27**	-0.22**	-0.34**	-0.03	0.15*	0.68**

注：性别、教育程度、工龄、职称／技术等级为类别变量，N=228，*p<0.05，**p<0.01。

四、假设检验

(一) 自恋型领导对员工职业成功的主效应检验

上述关于变量的相关性分析结果表明，自恋型领导与员工主观职业成功、客观职业成功负向相关。然而，由于员工的性别、工龄、教育程度、职称/技术级别等人口统计学变量可能对职业成功会产生较大的影响，从而对自恋型领导与员工职业成功的关系产生干扰。因此，在构建层次回归模型时，我们把上述人口统计学变量列为控制变量，来检验自恋型领导对员工职业成功的主效应。在检验主效应时，我们也同时检验模型中各变量的多重共线性问题。

本研究主效应的检验主要是通过 SPSS 21.0 进行的。在构建多元回归模型时，我们先将员工的性别、工龄、教育程度、职称/技术级别四个人口统计学变量作为自变量，员工主观职业成功（职业满意度）、客观职业成功为因变量，构建了模型 M1 和 M3。然后，我们再把上述人口统计学变量作为控制变量，自恋型领导为自变量，员工主观职业成功和客观职业成功为因变量，分别构建了回归模型 M2 和 M4。对模型中各变量的多重共线性的检验，我们选取了方差膨胀因子（Variance Inflation Factor，VIF）进行判断，VIF 值小于 10，则表明模型中的变量不存在严重的多重共线性问题（吴明隆，2010）。

对相关变量进行多元线性回归，结果如表 6—14 所示。员工的教育程度与员工主观职业成功（职业满意度）（$\beta = 0.218$，$p < 0.05$；见模型 M1）和客观职业成功（$\beta = 0.239$，$P < 0.05$；见模型 M3）存在显著影响；员工的职称/技术级别与员工的主观

职业成功（职业满意度）（β=0.257，p<0.05；见模型 M1）和客观职业成功（β=0.266，p<0.01；见模型 M3）存在显著影响。在控制了员工性别、工龄、教育程度、职称/技术等级等变量的影响之后，自恋型领导对员工主观职业成功（职业满意度）的回归模型 M2 的 F 值检验达到显著水平（F=12.648，p<0.01），模型对变异量的解释力提高 13.7%，自恋型领导对员工的主观职业成功有显著负向影响（β=-0.237，p<0.001；见模型 M2），假设 H1a 进一步得到验证。在控制了人口统计学变量的影响之后，自恋型领导对员工客观职业成功的回归模型 M4 的 F 值检验达到显著水平（F=11.536，p<0.01），模型对变异量的解释力提高 13.1%，自恋型领导对员工的客观职业成功有显著负向影响（β=-0.220，p<0.001；见模型 M4），假设 H1b 进一步得到验证。

表 6—14　自恋型领导对员工职业成功影响的
主效应回归分析结果（样本二）

变量	主观职业成功		客观职业成功	
	M1	M2	M3	M4
控制变量				
性别	0.124	0.119	-0.161	-0.133
工龄	0.169	0.105	0.188	0.124
教育程度	0.218*	0.181*	0.239*	0.201*
职称/技术级别	0.257*	0.163*	0.266*	0.147*
自变量				
自恋型领导		-0.237***		-0.220***
R^2	0.027	0.164	0.031	0.162
ΔR^2		0.137**		0.131**
F 值	5.636**	12.648**	5.835**	11.536**
VIF		2.272~3.457		2.464~4.174

注：N=228，*p<0.05，**p<0.01，***p<0.001（双尾检验）。

（二）上下级关系冲突的中介效应检验

根据 Baron 和 Kenny（1986）中介效应检验的三个步骤，员工上下级关系冲突在自恋型领导和员工的职业成功之间的中介作用检验分三步，见表6—15。第一步，在控制了员工性别、工龄、教育程度以及职称/技术级别等变量后，自变量与因变量显著相关，即自恋型领导显著负向影响员工主观职业成功（$\beta = -0.237$，$p < 0.001$；见模型 M3），回归模型的 F 值达到显著水平（$F = 12.648$，$p < 0.01$），模型对变异量的解释提高 13.6%；自恋型领导显著负向影响员工的客观职业成功（$\beta = -0.220$，$p < 0.001$；见模型 M6），回归模型的 F 值达到显著水平（$F = 10.931$，$p < 0.01$），模型对变异量的解释提高 12.8%。第二步，在控制了人口统计学变量的影响后，自恋型领导与上下级关系冲突显著正相关（$\beta = 0.272$，$p < 0.001$；见模型 M1），回归模型的 F 值达到显著水平（$F = 8.572$，$p < 0.01$）。第三步，在模型 M4 和模型 M7 中加入了上下级关系冲突之后，自恋型领导对员工主观职业成功（$\beta = -0.181$，$p < 0.05$；见模型 M4）和客观职业成功（$\beta = -0.175$，$p < 0.05$；见模型 M7）的影响得到削弱。这说明上下级关系冲突在自恋型领导与员工主观职业成功及客观职业成功之间起到了部分中介作用。假设 H3a、假设 H3b 得到部分验证。

表6—15　上下级关系冲突的中介效应回归分析结果

变量	上下级关系冲突	主观职业成功			客观职业成功		
	M1	M2	M3	M4	M5	M6	M7
性别	0.004	0.124	0.119	0.122	-0.161	-0.133	-0.117
工龄	-0.003	0.169	0.105	0.133	0.188	0.124	0.133
教育程度	0.007	0.218*	0.181*	0.195*	0.239*	0.201*	0.211*
职称/技术级别	0.106	0.257*	0.163*	0.176*	0.266*	0.147*	0.154*
自恋型领导	0.272***		-0.237***	-0.181*		-0.220***	-0.175*
上下级关系冲突				-0.374***			-0.341***
R^2	0.132	0.027	0.163	0.266	0.033	0.161	0.275
ΔR^2			0.136**	0.103**		0.128**	0.114**
F值	8.572**	5.636**	12.648**	10.148**	5.963**	10.931**	14.542**
VIF				2.572~4.356			2.364~4.563

注：N=228，*p<0.05，**p<0.01，***p<0.001（双尾检验）。

本研究采用 Hayes 等（2013）提出的 Bootstrap 中介效应检验方法进一步检验上下级关系冲突的中介效应。Bootstrap 中介效应判定方法是选取了间接效应不为零作为判断是否存在中介效应的指标。具体的判断方法就是，计算自变量对中介变量的回归系数和中介变量对因变量的回归系数，然后把两个回归系数相乘，如果乘积不等于零且显著，则表明中介效应显著。本研究是基于 SPSS 软件的 PROCESS 宏程序的 Bootstrap 方法进行中介效应分析，具体结果见表6—16。在控制了员工性别、工龄、教育程度以及职称/技术等级等变量之后，自恋型领导通过激发上下级关系冲突影响员工主观职业成功和客观职业成功的间接效应显著（不为0），95%置信区间不包含零，再一次验证了假设 H3a和假设 H3b。

表6—16 基于Bootstrap方法的上下级关系冲突中介作用检验

中介变量	主观职业成功			客观职业成功		
	间接效应值	标准误差	95%置信区间	间接效应值	标准误差	95%置信区间
上下级关系冲突	-0.103	0.009	(0.04，0.18)	-0.094	0.016	(0.03，0.20)

注：N=228；Boostrap抽样次数=5000。

（三）调节效应检验

根据Aiken和West的调节效应三步检验法（见表6—17），我们分别检验环境不确定性及员工支配性对自恋型领导与上下级关系冲突的调节效应。第一步，如模型M1所示，把员工性别、工龄、教育程度以及职称/技术级别等控制变量放入对职业自我效能感的回归方程；第二步，如模型M3所示，加入自恋型领导和环境不确定性两个变量的主效应，对上下级关系冲突的解释效应明显增加（$\Delta R^2=0.110$，$p<0.01$），同时如模型M5所示，加入自恋型领导和员工支配性两个变量的主效应，对上下级关系冲突的解释效应明显增加（$\Delta R^2=0.191$，$p<0.001$）；第三步，如模型M4所示，将自恋型领导和环境不确定性的交互项加入回归方程，结果发现自恋型领导和环境不确定性的交互效应对上下级关系冲突没有显著影响（$\beta=0.145$，$p>0.05$），表明环境不确定性在自恋型领导与上下级关系冲突之间没有调节效应，假设H6未得到验证，同样的操作如模型M6，结果发现自恋型领导和支配性的交互效应对上下级关系冲突有显著影响（$\beta=0.354$，$p<0.001$），对上下级关系冲突的解释效应明显增加（$\Delta R^2=0.058$，$p<0.001$），表明支配性显著调节自恋型领导与上下级关系冲突的

关系，H9 得到初步验证。

表 6—17　环境不确定性及支配性的调节效应检验

变量	上下级关系冲突					
	M1	M2	M3	M4	M5	M6
第一步（控制变量）						
性别	0.006	0.004	0.010	-0.002	0.001	0.004
工龄	0.002	-0.003	0.005	-0.001	0.004	-0.001
教育程度	0.011	0.007	0.007	0.008	0.012	0.004
职称/技术等级	0.103	0.106	0.114	0.109	0.117	0.102
第二步（主效应）						
自恋型领导		0.272***	0.271***	0.273***	0.256***	0.209**
环境不确定性			0.007	0.012		
员工支配性					0.164***	0.231***
第三步（交互效应）						
自恋型领导 × 环境不确定性				0.145		
自恋型领导 × 员工支配性						0.354***
R^2	0.025	0.132	0.135	0.138	0.216	0.274
ΔR^2		0.107**	0.110**	0.003*	0.191***	0.058***
F	2.429*	8.572**	9.466**	9.124*	11.367***	14.531***
VIF				2.232~4.347		2.673~4.664

注：N=228，*p<0.05，**p<0.01，***p<0.001（双尾检验）。

为了更加清楚地说明员工支配性的调节作用，按照 Aiken 和 West 的建议，选取了在自恋型领导和支配性的平均值以下和以上各一个标准差的四个基点（为了避免共线性的问题，对自变量和调节变量均做了中心化的处理），绘制了自恋型领导与支配性的相互作用关系图（见图 6—2）。从图中可以看出支配性的正向调节效应十分明显，即当支配性得分较高时，自恋型领导与上下级关系冲突之间的正相关关系十分显著；当支配性得分较低时，两者之间呈负相关关系，假设 H9 得到进一步验证。

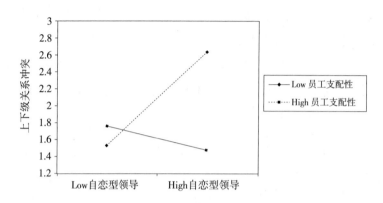

图 6—2　员工支配性与自恋型领导对上下级关系冲突的相互作用关系图

（四）有调节的中介作用检验

Hayes 等（2015）指出对调节效应的中介检验（即有调节的模型中中介效应的检验），只需要检验交互项 X、W 对 Y 的间接效应是否显著（X 为自变量，W 为调节变量，Y 为因变量）。为了检验假设 H14、H14a、H14b，即有调节的中介作用是否成立，我们将样本按照调节变量的大小分为两组，高于调节变量均值一个标准差的数据作为高值组，低于调节变量均值一个标准差的数据作为低值组，分别对两组的中介效应值进行计算。从表 6—18 中我们可以看到，当员工支配性高时（处于高值组），上下级关系冲突在自恋型领导与员工主观职业成功之间的中介效应较强（β=-0.129，95％置信区间不含 0），而当员工支配性低时（处于低值组），该中介效应更弱（β=0.037，95％置信区间不含 0）；

当员工支配性高时（处于高值组），上下级关系冲突在自恋型领导与员工客观职业成功之间的中介效应较强（β=-0.119，95% 置信区间不含0），而当员工支配性低时（处于低值组），该中介效应更弱（β=0.034，95%置信区间不含0）。因此，与员工支配性低时相比，当员工支配性高时，上下级关系冲突在自恋型领导与员工主观职业成功及客观职业成功之间的中介作用均更强（高低组中介效应差异值分别为0.166、0.153，且显著），假设H14、H14a、H14b得到了验证。

表6—18　上下级关系冲突的有调节的中介作用检验结果

因变量	调节变量	β（间接效应值）	SE（标准误差）	95%置信区间	
				上限	下限
主观职业成功	高支配性	-0.129	0.021	0.013	0.052
	低支配性	0.037	0.024	0.022	0.045
客观职业成功	高支配性	-0.119	0.027	0.023	0.064
	低支配性	0.034	0.025	0.019	0.042

注：N=228；Boostrap抽样次数=5000。

第三节　样本三的假设验证

一、变量的信度和效度检验

样本三主要是再次检验自恋型领导对员工职业成功的主效应，检验职业适应力的中介效应及环境不确定性、员工主动性在自恋型领导与职业适应力的调节效应。因此，需要对研究中的变量进行信效度分析。

（一）变量的信度检验

本研究中，我们主要用 Cronbach α 系数来评估量表的信度。样本三中需测量的各相关变量的 Cronbach α 系数如表6—19所示。

表6—19 样本三中各相关变量的信度系数

序号	变量名称		题项数量	Cronbach α 系数
1	自恋型领导		10	0.802
2	员工主动性		6	0.822
3	环境不确定性		3	0.832
4	职业适应力		24	0.918
5	职业成功	主观职业成功	5	0.892
		客观职业成功	6	0.823

由表6—19可知，变量的 Cronbach α 系数均大于0.8，表明各量表均有较好的内部一致性，符合研究要求。

（二）变量的效度检验

本研究主要选择聚合效度和区分效度对量表的效度进行分析。

1. 聚合效度

一般来说，如果因子载荷的路径系数显著且大于0.5，我们认为是可以接受的聚合效度，如果系数大于0.7，则表明具有较高的聚合效度。

在样本一中我们已经检验了自恋型领导、员工职业成功、环境不确定性的聚合效度，数据表明自恋型领导、员工职业成功、环境不确定性量表的各题项具有较高的聚合效度。

主动性量表的探索性因子分析。该量表的 KMO 值为0.897，这表明主动性的各题项之间存在共同因子。同时，我们获得的主动性构念的 Bartlett's 球形检验的 x^2 值为 1021.74，且为 0.00 显著性水平，可以进行因子分析。通过抽取特征根大于 1 的因子，结果显示为 1 个因子，累计解释总变异量为 68.85%，各题项的因子载荷在 0.857—0.924 之间，表明主动性量表的各题项具有较高的聚合效度。

职业适应力量表的探索性因子分析。该量表的 KMO 值为 0.913，这表明职业适应力的各题项之间存在共同因子。同时，我们获得的上下级关系冲突构念的 Bartlett's 球形检验的 x^2 值为 839.64，且为 0.00 显著性水平，可以进行因子分析。通过抽取特征根大于 1 的因子，结果显示为 4 个因子，累计解释总变异量为 79.75%，各题项的因子载荷在 0.831—0.922 之间，表明职业适应力量表的各题项具有较高的聚合效度。

另一方面，我们也可以从 AVE 值（平均方差提取值）来观察量表题项反映构念的程度，AVE 值越大越能有效反映其所指构念。通常来说，如果 AVE 值大于 0.5，才表明其聚合效度可接受。各变量的 AVE 值见表 6—20，最小值为 0.57，均超过临界值 0.50，再一次表明各变量具有较好的聚合效度。

表 6—20　样本三中各变量 AVE 值

变量名称	自恋型领导	员工主动性	环境不确定性	职业适应力	主观职业成功	客观职业成功
AVE 值	0.59	0.62	0.61	0.63	0.57	0.60

2. 区分效度

本研究采用 M-Plus 7.4 对各量表进行验证性因子分析来检验

各量表的区分效度。从表 6—21 的分析结果可以看出，六因子测量模型（M1）的拟合指标 x^2/df 为 2.894，CFI 为 0.905，IFI 为 0.912，TLI 为 0.923，RMSEA 为 0.071，相比其他五个测量模型，六因子模型的卡方与自由度比值 x^2/df 最小且小于 3，CFI、IFI、TLI 值均大于 0.9，RMSEA 值低于 0.08，这表明六因子模型拟合最佳，所有因子载荷均显著（p <0.01），具有较高的区分效度。

表 6—21 样本三测量模型各量表的区分效度检验

测量模型	x^2	df	x^2/df	CFI	IFI	TLI	RMSEA
M1: NL; CA; EU; PA; SC; OC	411.258	142	2.894	0.905	0.912	0.923	0.071
M2: NL; EU+PA; CA; SC; OC	589.762	143	4.123	0.852	0.843	0.865	0.097
M3: NL; CA; EU+PA; SC+OC	764.775	145	5.269	0.767	0.807	0.802	0.119
M4: NL; CA; EU+PA+SC+OC	896.673	146	6.137	0.744	0.754	0.775	0.128
M5: NL+CA+EU+PA; SC+OC	1049.844	148	7.087	0.695	0.689	0.704	0.144
M6: NL+CA+EU+PA+SC+OC	1235.057	151	8.179	0.611	0.648	0.683	0.249

注 1：N=225；NL 为自恋型领导，EU 为环境不确定性，PA 为员工主动性，SC 为主观职业成功，OC 为客观职业成功，CA 为职业适应力，+ 表示合并。

注 2：模型 M2 合并两个调节变量员工主动性和环境不确定性。

注 3：模型 M3 把两个调节变量员工主动性和环境不确定性合并，再把主观职业成功和客观职业成功合并。

注 4：模型 M4 合并员工主动性、环境不确定性、主观职业成功和客观职业成功。

注 5：模型 M5 合并自恋型领导、职业适应力、员工主动性及环境不确定性，合并主观职业成功和客观职业成功。

注 6：模型 M6 合并所有变量。

二、变量的同源方法偏差检验

本研究中所有变量的测量均由同一调研对象来完成，因此，可能出现同源偏差问题。为了对同源方法偏差进行有效的控制，我们根据周浩、龙立荣的研究建议，采用程序控制的方式进行，具体操作方法就是在采集本研究的数据时分两阶段进行，以尽量避免同源方法偏差问题。尽管采用了匿名、分阶段采集数据等方法，但产生的同源方法偏差问题还是无法根除，所以本研究采用Harman 的单因素方法检验同源方法偏差。第一步，构建一个包括本研究所有变量题项的因子；第二步，对所有题项进行探索性因子分析，我们得到的未旋转的（最大的因子）因子解释方差变异比例为16.9%，不足总解释方差变异比例56.1%的一半。这一结果表明，采集的测量数据具有较好的稳定性，不会干预运行结果。

三、变量的描述性统计

我们采用SPSS 21.0 对本研究中所涉及变量的均值、标准差和相关系数进行描述，具体如表6—22所示。从表中数据的 Pearson 相关性分析可以得出，自恋型领导与员工主观职业成功（$r=-0.20$，$p<0.01$）及客观职业成功（$r=-0.23$，$p<0.01$）显著负相关。自恋型领导与职业适应力显著负相关（$r=-0.24$，$p<0.01$），职业适应力与主观职业成功（$r=0.34$，$p<0.01$）及客观职业成功（$r=0.36$，$p<0.01$）显著正相关。这些变量之间的初步相关关系，为进一步验证假设提供了基础。此外，性别与主观职业成功（$r=0.10$，$p<0.05$）及客观职业成功（$r=-0.13$，$p<0.05$）显著相关，教育程度与主观职业成功（$r=0.22$，$p<0.01$）及客观

职业成功（r=0.24，p<0.01）显著正相关，工龄与主观职业成功（r=0.23，p<0.01）及客观职业成功（r=0.24，p<0.01）显著正相关，职称 / 技术等级与主观职业成功（r=0.22，p<0.01）及客观职业成功（r=0.25，p<0.01）显著正相关，说明人口特征变量性别、工龄、教育程度、职称 / 技术等级显著影响个体的职业成功。因此，在后面的回归分析中，需要把这些变量的影响控制起来。

表6—22　样本三各变量的描述性统计和相关系数

变量	Mean	SD	1	2	3	4	5	6	7	8	9
1.性别	1.35	0.48									
2.教育程度	3.06	0.50	-0.04								
3.工龄	2.97	1.28	0.05	-0.23**							
4.职称 / 技术等级	1.60	0.68	0.08	0.36**	0.44**						
5.自恋型领导	3.18	.047	0.04	0.02	0.05	0.04					
6.职业适应力	4.02	0.44	-0.06	0.11	0.15	0.19*	-0.24**				
7.环境不确定性	3.38	0.84	-0.08	-0.07	0.03	0.08	0.04	0.02			
8.员工主动性	3.58	0.59	0.06	0.03	0.09	0.04	0.02	0.32**	0.05		
9.主观职业成功	3.20	0.87	0.10*	0.22**	0.23**	0.22**	-0.20**	0.34**	-0.03	0.37**	
10.客观职业成功	3.51	0.57	-0.13*	0.24**	0.24**	0.25**	-0.23**	0.36**	-0.02	0.38**	0.66**

注：性别、教育程度、工龄、职称 / 技术等级为类别变量，N=225，*p<0.05，**p<0.01。

四、假设检验

（一）自恋型领导对员工职业成功的主效应检验

上述关于变量的相关性分析结果表明，自恋型领导与员工的主观职业成功、客观职业成功负向相关。然而，由于员工的性别、工龄、教育程度、职称／技术级别等人口统计学变量可能对职业成功会产生较大的影响，从而对自恋型领导与员工职业成功的关系产生干扰。因此，在构建层次回归模型时，我们把上述人口统计学变量列为控制变量，来检验自恋型领导对员工职业成功的主效应。在检验主效应时，我们也同时检验模型中各变量的多重共线性问题。

本研究主效应的检验主要是通过 SPSS 21.0 进行的。在构建多元回归模型时，我们先将员工的性别、工龄、教育程度、职称／技术级别四个人口统计学变量作为自变量，员工的主观职业成功（职业满意度）、客观职业成功为因变量，构建了模型 M1 和 M3。然后，我们再把上述人口统计学变量作为控制变量，自恋型领导为自变量，员工的主观职业成功和客观职业成功为因变量，分别构建了回归模型 M2 和 M4。对模型中各变量的多重共线性的检验，我们选取了方差膨胀因子（Variance Inflation Factor，VIF）进行判断，VIF 值小于 10，则表明模型中的变量不存在严重的多重共线性问题（吴明隆，2010）。

对相关变量进行多元线性回归，结果如表 6—23 所示。员工的教育程度与员工的主观职业成功（职业满意度）（β=0.209，p<0.05；见模型 M1）和客观职业成功（β=0.237，p<0.05；见模型 M3）存在显著影响；员工的职称／技术级别与员工主观职业成功（职业满意度）（β=0.254，p<0.05；见模型 M1）和客观职业成功（β=0.258，p<0.05；见模型 M3）存在显著影响。在控制了员工性别、工龄、教育程度、职称／技术等级等变量的影响之后，自恋型领导对员工主观职业成功（职业满意度）的回归

模型 M2 的 F 值检验达到显著水平（F=11.739，p<0.01），模型
对变异量的解释力提高 13.4%，自恋型领导对员工主观职业成功
有显著负向影响（β=-0.235，p<0.001；见模型 M2），假设 H1a
进一步得到验证。在控制了人口统计学变量的影响之后，自恋
型领导对员工客观职业成功的回归模型 M4 的 F 值检验达到显著
水平（F=12.557，p<0.01），模型对变异量的解释力提高 13.5%，
自恋型领导对员工客观职业成功有显著负向影响（β=-0.221，
p<0.001；见模型 M4），假设 H1b 进一步得到验证。

表 6—23　自恋型领导对员工职业成功影响的主效应回归分析结果（样本三）

变量	主观职业成功		客观职业成功	
	M1	M2	M3	M4
控制变量				
性别	0.122	0.114	-0.163	-0.142
工龄	0.163	0.116	0.182	0.137
教育程度	0.209*	0.198*	0.237*	0.212*
职称/技术级别	0.254*	0.181*	0.258*	0.139*
自变量				
自恋型领导		-0.235***		-0.221***
R^2	0.025	0.159	0.032	0.167
ΔR^2		0.134**		0.135**
F 值	6.731**	11.739**	6.975**	12.557**
VIF		2.284~5.082		2.327~5.011

注：N=225，*p<0.05，**p<0.01，***p<0.001（双尾检验）。

（二）职业适应力的中介效应检验

根据 Baron 和 Kenny（1986）中介效应检验的三个步骤，员
工职业适应力在自恋型领导和员工的职业成功之间的中介作用检
验分三步，见表 6—24。第一步，在控制了员工性别、工龄、教

育程度以及职称 / 技术级别等变量后，自变量与因变量显著相关，即自恋型领导显著负向影响员工主观职业成功（β = -0.240，p<0.001；见模型 M3），回归模型的 F 值达到显著水平(F=11.739，p<0.01)，模型对变异量的解释提高 13.3%；自恋型领导显著负向影响员工的客观职业成功（β =-0.228，p<0.001；见模型 M6），回归模型的 F 值达到显著水平（F=12.557，p<0.01），模型对变异量的解释提高 13.6%。第二步，在控制了人口统计学变量的影响后，自恋型领导与职业适应力显著负相关（β =-0.251，p<0.001；见模型 M1），回归模型的 F 值达到显著水平（F=9.126，p<0.001）。第三步，在模型 M4 和模型 M7 中加入了职业适应力之后，自恋型领导对员工主观职业成功（β =-0.164，p<0.05；见模型 M4）和客观职业成功（β =-0.173，p<0.05；见模型 M7）的影响得到削弱。这说明员工职业适应力在自恋型领导与员工主观职业成功及客观职业成功之间起到了部分中介作用。假设 H4a、假设 H4b 得到部分验证。

表 6—24　职业适应力的中介效应回归分析结果

变量	职业适应力	主观职业成功			客观职业成功		
	M1	M2	M3	M4	M5	M6	M7
工龄	0.121	0.163	0.116	0.144	0.182	0.137	0.129
教育程度	0.065	0.209*	0.198*	0.167*	0.237*	0.212*	0.210*
职称 / 技术级别	0.183*	0.254*	0.181*	0.203*	0.258*	0.139*	0.133*
自恋型领导	-0.251***		-0.240***	-0.164*		-0.228***	-0.173*
职业适应力				0.339**			0.363**

续表

变量	职业适应力	主观职业成功			客观职业成功		
	M1	M2	M3	M4	M5	M6	M7
R^2	0.148	0.025	0.158	0.247	0.032	0.168	0.277
ΔR^2			0.133**	0.089**		0.136**	0.109**
F 值	9.126***	6.731**	11.739**	6.097***	6.975**	12.557**	8.147***
VIF				2.621~6.582			2.356~7.161

注：N=225，*p<0.05，**p<0.01，***p<0.001（双尾检验）。

本研究采用 Hayes 等（2013）提出的中介效应检验方法进一步检验职业适应力的中介效应。Bootstrap 中介效应判定方法是选取了间接效应不为零作为判断是否存在中介效应的指标。具体的判断方法就是，计算自变量对中介变量的回归系数和中介变量对因变量的回归系数，然后把两个回归系数相乘，如果乘积不等于零且显著，则表明中介效应显著。本研究是基于 SPSS 软件的 PROCESS 宏程序的 Bootstrap 方法进行中介效应分析，具体结果见表6—25。在控制了员工性别、工龄、教育程度以及职称 / 技术等级等变量之后，自恋型领导通过削弱员工的职业适应力而影响员工主观职业成功和客观职业成功的间接效应显著（不为0），95％置信区间不包含零，再一次验证了假设 H4a 和假设 H4b。

表6—25　基于 Bootstrap 方法的职业适应力中介作用检验

中介变量	主观职业成功			客观职业成功		
	间接效应值	标准误差	95%置信区间	间接效应值	标准误差	95%置信区间
职业适应力	-0.086	0.022	(0.05, 0.29)	-0.092	0.026	(0.06, 0.31)

注：N=225；Boostrap 抽样次数 =5000。

（三）调节效应检验

根据 Aiken 和 West 的调节效应三步检验法（见表 6—26），我们分别检验环境不确定性及员工主动性对自恋型领导与职业适应力的调节效应。第一步，如模型 M1 所示，把员工性别、工龄、教育程度以及职称 / 技术级别等控制变量放入对职业适应力的回归方程；第二步，如模型 M3 所示，加入自恋型领导和环境不确定性两个变量的主效应，对职业适应力的解释效应明显增加（$\Delta R^2=0.122$，$p<0.01$），同时如模型 M5 所示，加入自恋型领导和员工主动性两个变量的主效应，对职业适应力的解释效应明显增加（$\Delta R^2=0.131$，$p<0.001$）；第三步，如模型 M4 所示，将自恋型领导和环境不确定性的交互项加入回归方程，结果发现自恋型领导和环境不确定性的交互效应对职业适应力没有显著影响（$\beta=-0.106$，$p>0.05$），表明环境不确定性在自恋型领导与职业适应力之间没有调节效应，假设 H7 未得到验证，同样的操作如模型 M6，结果发现自恋型领导和主动性的交互效应对职业适应力有显著影响（$\beta=0.112$，$p<0.001$），对职业适应力的解释效应明显增加（$\Delta R^2=0.049$，$p<0.001$），表明主动性显著调节自恋型领导与职业适应力的关系，假设 H10 得到初步验证。

表 6—26　环境不确定性及主动性的调节效应检验

变量	职业适应力					
	M1	M2	M3	M4	M5	M6
第一步 （控制变量）						
性别	-0.045	-0.063	0.021	-0.055	-0.062	-0.064
工龄	0.113	0.121	0.074	0.123	0.098	0.122

续表

变量	职业适应力					
	M1	M2	M3	M4	M5	M6
教育程度	0.059	0.065	0.044	0.061	0.065	0.064
职称/技术等级	0.172*	0.183*	0.166*	0.181*	0.163*	0.177*
第二步 (主效应)						
自恋型领导		-0.251***	-0.244***	-0.253***	-0.251***	-0.224***
环境不确定性			0.087	0.092		
员工主动性					0.321***	0.267***
第三步 (交互效应)						
自恋型领导 × 环境不确定性				-0.106		
自恋型领导 × 员工主动性						0.112***
R^2	0.035	0.086	0.157	0.173	0.166	0.215
ΔR^2		0.051***	0.122**	0.016**	0.131***	0.049***
F	3.451	4.468***	7.582**	9.291**	7.558***	10.321***
VIF				2.238~4.561		2.321~4.631

注：N=225，*$p<0.05$，**$p<0.01$，***$p<0.001$（双尾检验）。

　　为了更加清楚地说明员工主动性的调节作用，按照 Aiken 和 West 的建议，选取了在自恋型领导和主动性的平均值以下和以上各一个标准差的四个基点（为了避免共线性的问题，对自变量和调节变量均做了中心化的处理），绘制了自恋型领导与员工主动性的相互作用关系图（见图6—3）。从图中可以看出员工主动性的负向调节效应十分明显，即当员工主动性得分较低时，自恋型领导与职业适应力之间的负相关关系十分显著；当员工主动性得分较高时，两者之间呈负相关关系减弱，假设 H3 得到进一步验证。

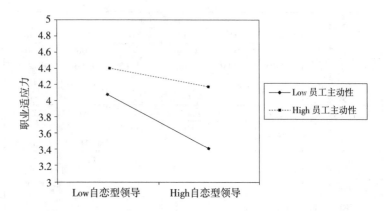

图6—3 员工主动性与自恋型领导对职业适应力的相互作用关系图

（四）有调节的中介作用检验

Hayes 等（2015）指出对调节效应的中介检验（即有调节的模型中中介效应的检验），只需要检验交互项 X、W 对 Y 的间接效应是否显著（X 为自变量，W 为调节变量，Y 为因变量）。为了检验假设 H16、H16a、H16b，即有调节的中介作用是否成立，我们将样本按照调节变量的大小分为两组，高于调节变量均值一个标准差的数据作为高值组，低于调节变量均值一个标准差的数据作为低值组，分别对两组的中介效应值进行计算。从表6—27中我们可以看到，当员工主动性低时（处于低值组），职业适应力在自恋型领导与主观职业成功之间的中介效应较强（β=-0.107，95%置信区间不含0），而当员工主动性高时（处于高值组），该中介效应更弱（β=-0.061，95%置信区间不含0）；当员工主动性低时（处于低值组），职业适应力在自恋型领导与客观职业成功之间的中介效应较强（β=-0.115，95%置信区间不含0），而当员工主动性高时（处于高值组），该中介效应更弱（β=-0.065，

95%置信区间不含0)。因此，与员工主动性高时相比，当员工主动性低时，职业适应力在自恋型领导与员工主观职业成功及客观职业成功之间的中介作用均更强（高低组中介效应差异值分别为0.046、0.050，且显著），假设 H16、H16a、H16b 得到了验证。

表6—27　职业适应力的有调节的中介作用检验结果

因变量	调节变量	β（间接效应值）	SE（标准误差）	95%置信区间	
				上限	下限
主观职业成功	高主动性	-0.061	0.013	0.013	0.022
	低主动性	-0.107	0.024	0.019	0.027
客观职业成功	高主动性	-0.065	0.015	0.009	0.025
	低主动性	-0.115	0.027	0.011	0.026

注：N=225；Boostrap 抽样次数=5000。

第四节　结果与讨论

本章采用三个独立样本的多源数据和运用多研究方法对自恋型领导与员工职业成功的主效应、调节效应、中介效应和被调节的中介效应进行了假设验证。验证结果汇总情况如表6—28、表6—29、表6—30所示。

表6—28　样本一检验结果汇总

序号	假设内容	结果
H1	自恋型领导对员工的职业成功有显著负向影响	支持
H1a	自恋型领导对员工的客观职业成功有显著负向影响	支持
H1b	自恋型领导对员工的主观职业成功有显著负向影响	支持

序号	假设内容	结果
H2	职业自我效能感在自恋型领导与员工的职业成功之间起中介作用	支持
H2a	职业自我效能感在自恋型领导与员工的主观职业成功之间起中介作用	支持
H2b	职业自我效能感在自恋型领导与员工的客观职业成功之间起中介作用	支持
H5	环境不确定性负向调节自恋型领导与员工职业自我效能感的关系	支持
H8	员工的传统性负向调节自恋型领导与员工职业自我效能感的关系	不支持
H11	职业自我效能感在自恋型领导与员工职业成功之间的中介作用受到环境不确定性的调节	支持
H11a	职业自我效能感在自恋型领导与员工主观职业成功之间的中介作用受到环境不确定性的调节	支持
H11b	职业自我效能感在自恋型领导与员工客观职业成功之间的中介作用受到环境不确定性的调节	支持
H12	职业自我效能感对自恋型领导与员工职业成功之间的中介作用受到员工传统性的调节	不支持
H12a	职业自我效能感在自恋型领导与员工主观职业成功之间的中介作用受到员工传统性的调节	不支持
H12b	职业自我效能感在自恋型领导与员工客观职业成功之间的中介作用受到员工传统性的调节	不支持

表6—29　样本二检验结果汇总

序号	假设内容	结果
H1	自恋型领导对员工的职业成功有显著负向影响	支持
H1a	自恋型领导对员工的客观职业成功有显著负向影响	支持
H1b	自恋型领导对员工的主观职业成功有显著负向影响	支持
H3	上下级关系冲突在自恋型领导与员工的职业成功之间起中介作用	支持
H3a	上下级关系冲突在自恋型领导与员工的主观职业成功之间起中介作用	支持
H3b	上下级关系冲突在自恋型领导与员工的客观职业成功之间起中介作用	支持
H6	环境不确定性负向调节自恋型领导与上下级关系冲突之间的关系	不支持

续表

序号	假设内容	结果
H9	员工的支配性正向调节自恋型领导与上下级关系冲突之间的关系	支持
H13	上下级关系冲突在自恋型领导与员工职业成功之间的中介作用受到环境不确定性的调节	不支持
H13a	上下级关系冲突在自恋型领导与员工主观职业成功之间的中介作用受到环境不确定性的调节	不支持
H13b	上下级关系冲突在自恋型领导与员工客观职业成功之间的中介作用受到环境不确定性的调节	不支持
H14	上下级关系冲突对自恋型领导与员工职业成功之间的中介作用受到员工支配性的调节	支持
H14a	上下级关系冲突在自恋型领导与员工主观职业成功之间的中介作用受到员工支配性的调节	支持
H14b	上下级关系冲突在自恋型领导与员工客观职业成功之间的中介作用受到员工支配性的调节	支持

表6—30　样本三检验结果汇总

序号	假设内容	结果
H1	自恋型领导对员工的职业成功有显著负向影响	支持
H1a	自恋型领导对员工的客观职业成功有显著负向影响	支持
H1b	自恋型领导对员工的主观职业成功有显著负向影响	支持
H4	职业适应力在自恋型领导与员工的职业成功之间起中介作用	支持
H4a	职业适应力在自恋型领导与员工的主观职业成功之间起中介作用	支持
H4b	职业适应力在自恋型领导与员工的客观职业成功之间起中介作用	支持
H7	环境不确定性负向调节自恋型领导与职业适应力之间的关系	不支持
H10	员工的主动性负向调节自恋型领导与职业适应力之间的关系	支持
H15	员工职业适应力在自恋型领导与员工职业成功之间的中介作用受到环境不确定性的调节	不支持
H15a	员工职业适应力在自恋型领导与员工主观职业成功之间的中介作用受到环境不确定性的调节	不支持
H15b	员工职业适应力在自恋型领导与员工客观职业成功之间的中介作用受到环境不确定性的调节	不支持

序号	假设内容	结果
H16	员工职业适应力对自恋型领导与员工职业成功之间的中介作用受到员工主动性的调节	支持
H16a	员工职业适应力在自恋型领导与员工主观职业成功之间的中介作用受到员工主动性的调节	支持
H16b	员工职业适应力在自恋型领导与员工客观职业成功之间的中介作用受到员工主动性的调节	支持

一、自恋型领导与员工职业成功的主效应

本研究提出的假设 H1、H1a、H1b 描述了自恋型领导与员工职业成功之间的关系。三个独立样本的实证检验都支持了假设 H1、H1a、H1b，表明自恋型领导显著负向影响员工的职业成功。这与过去的研究结论相呼应，很多学者认为自恋型领导具有惊人的破坏力（Braun et al.，2018；Ding et al.，2018；O'Boyle et al.，2012；Ouimet，2010），会给员工和组织的发展带来较严重的消极影响（Braun et al.，2018；Nevicka et al.，2018；Tokarev et al.，2017），如自恋型领导会损害上下级关系（Grijalva et al.，2015；London，2019），营造不良的工作氛围（Judge et al.，2006），降低下属的自我认知和幸福感（Benson & Hogan，2008）、工作满意度下降（Ouimet，2010）等负面结果。对于这一发现，我们认为，随着领导者自恋逐渐成为组织中的一种普遍现象，自恋型领导过分关注自我，迷恋权力，对下属常常表现出敌意和攻击行为，为了彰显自我价值和优越感，对他人的意见通常采用批评或威胁的方式，以维护其脆弱的自尊。自恋型领导具有强烈的利己主义，为了自身的职业目的，往往会剥削和占有下属的劳动成果，挤压下属的发展空间。自恋型领导

的这些负面行为会破坏上下级关系，削弱员工的职业自我效能感，干扰员工的职业适应性，从而阻碍员工职业发展。由此可以推论，自恋型领导是影响员工职业成功的又一组织情境因素。此外，三个样本的数据都表明，自恋型领导对员工主观职业成功的影响大于客观职业成功，可能的原因是，自恋型领导侵占员工职业发展资源和挤压发展空间，对员工职业竞争力（客观职业成功）的影响是长期而缓慢的，而自恋型领导的指责、批评和攻击等破坏性领导方式对员工认知和情绪的影响是直接而快速的，更易降低员工的职业满意度。

二、职业自我效能感的中介效应

西方学者的研究表明，自恋型领导易诱发职场欺凌、辱虐管理等领导越轨行为（Benson & Hogan，2008；Goldman，2006），领导的自恋行为易形成"毒性"的组织文化和负面的领导风格（Hogan et al.，1994），我们认为，自恋型领导风格会对员工的职业自我效能感造成消极影响。因此，本书基于社会认知职业理论探讨自恋型领导对员工职业成功的影响。假设 H2、H2a、H2b 描述了自恋型领导、职业自我效能感与员工职业成功之间的关系。从实证结果来看，假设 H2、H2a、H2b 获得了样本一的统计检验的支持，表明自恋型领导对员工主客观职业成功的影响部分通过职业自我效能感的部分中介作用来传递。这表明自恋型领导的负面领导方式会降低员工的职业自我效能感，从而阻碍员工走向职业成功。自恋是领导者的三大"黑暗特质"之一，自恋型领导的负面领导行为易使下属产生消极的情绪和心理，降低职业发展的信心，从而阻碍员工的职业发展。不同的领导风格给员工带来的感知不一样，积极的领导风格如精神型领导（杨付、刘军、张丽华，2014）、家长式领导（曾垂凯，2011）给员工的鼓舞、支持和关怀会增加员工对职业发展的信心。相反，消极的领导风格如辱虐管理等破坏性领导风格对员工的职业自我效能感有显著的负面影响（Tepper，2000），也就是说，上级领导的支持与否，会增强或削弱下属的职业自我效能感（Jaeckel et al.，2012）。而大量的实证研究结论也表明，具有高职业信心的个人表现出更高水平的工作绩效、地位和薪水、工作满意度等积极职业结果（Chaudhary，Rangnekar & Barua，2012；Spurk & Abele，2011）。因此，我们认为自恋型领导风格会降低员工的职业自我效能感，从而阻碍员工走向职业成功。

三、上下级关系冲突的中介效应

基于西方学者的研究结论，拥有自恋人格特质的领导常常会产生对下属的欺凌（bullying）、辱虐管理（abusive supervision）等消极领导行为（Goldman，2006；Benson & Hogan，2008），进而容易激发上下级关系冲突，从而对员工的职业成功产生不利影响。假设 H3、H3a、H3b 描述了自恋型领导、上下级关系冲突与员工职业成功之间的关系。从实证结果来看，假设 H3、H3a、H3b 获得了样本二的统计检验的支持，表明自恋型领导对员工主客观职业成功的影响部分通过上下级关系冲突的中介作用来传递。自恋是领导者的三大"黑暗特质"之一，这种充满利己主义的行为，常常会导致与下级的关系冲突。这与 Grijalva &

Harms（2014）的研究结论比较一致，他们认为，自恋型领导因
其强烈的支配性及自私的性格特征，容易导致糟糕的上下级关
系。王忠军和龙立荣（2009）认为，上下级关系作为一种组织内
的社会资源，可以为个体的职业发展提供强有力的支持，进而帮
助个体取得职业成功。显然，自恋型领导激发的上下级关系冲突
会阻碍员工的职业成功。

四、员工职业适应力的中介效应

目前关于自恋及自恋型领导的职场效应研究以西方学者的
研究成果为主，得出的结论大多集中于负面效应，如具有自恋
人格特质的个体往往具有一定的攻击性（Ouimet，2010），自恋
会诱发管理者针对下属的欺凌（bullying）、辱虐管理（abusive
supervision）等领导越轨行为（Goldman，2006；Benson & Hogan，
2008），自恋的管理者会把员工当成可利用的工具，常常占有和
剥削员工的劳动成果等（Chatterjee & Pollock，2017），基于生
涯建构理论，领导因素是影响员工职业发展的一个重要情境因
素，自恋型领导的消极领导行为会削弱下属的职业适应力，破坏
职业适应性资源，进而影响生涯建构的结果，即阻碍下属的职
业成功。假设 H4、H4a、H4b 描述了自恋型领导、职业适应力
与员工职业成功之间的关系。从实证结果来看，假设 H4、H4a、
H4b 获得了统计检验的支持，表明自恋型领导对员工主客观职业
成功的影响部分通过职业适应力的中介作用来传递。自恋型领导
会给下属的职业适应力带来消极影响，这与过去的结论比较一
致，学者们研究结论指出，职业适应力与环境变量呈显著正相关

(Creed，Fallon & Hood，2009)，尤其是组织中的支持性因素会促进职业适应力的发展。由此，我们可以知道，自恋型领导的消极领导方式会破坏员工的职业适应性资源，如自恋型领导会当众贬低下属、批评下属，给下属的自尊和职业信心带来消极影响。而学者 Hannes 和 Zacher（2014）验证了职业适应力对职业成功（职业满意度和自我评价的职业表现）影响的有效性。

五、环境不确定性的调节效应

自恋型领导的领导效能受具体情境的影响，自恋型领导给员工呈现的是"魅力"领导还是"毒性"领导，依赖于不同的情境（Blair et al.，2008；Galvin et al.，2010；Judge et al.，2006；Maccoby，2000；Resick et al.，2009；Rosenthal & Pittinsky，2006）。假设 H5 预测了环境不确定性在自恋型领导与职业自我效能感的调节作用。结合调节效应图（见图6—1）可见，在低环境不确定性情境下，员工感知到较多的是自恋型领导的"消极"行为，因此，自恋型领导会降低员工的职业自我效能感，进而会阻碍员工职业发展；在高环境不确定性情境下，员工感知到较多的是自恋型领导的"魅力"行为，自恋型领导风格并不会明显削弱员工的职业自我效能感。这与 Nevicka 等、Rosenthal 和 Pittinsky 的研究结论一致，他们认为，在高环境不确定性中人们更愿意选择自恋者成为他们的领导，自恋型领导的创新和冒险精神以及强大的自信可以帮助员工降低不确定性，走出困境，情境影响着员工对自恋型领导的领导效能的评价。实证结果表明，在高度不确定环境下，自恋型领导与职业自我效能感是正向影响；

在低度不确定环境下，自恋型领导对职业自我效能感的影响是负面影响。这也证实了自恋型领导的多面性及复杂性，即自恋性领导对员工的影响存在情境依赖性，环境不确定性是自恋型领导影响员工职业成功的"情境因素"。

六、员工支配性的调节效应

假设 H9 预测了员工支配性在自恋型领导与上下级关系冲突之间的调节作用。结合调节效应图（见图 6—2）可见，员工的支配性会影响员工与自恋型领导的关系冲突的强度。根据性格的优势互补理论，当主管是自恋型领导（意味着具有较强的支配性），下属也是支配性性格，那么上下级因性格原因发生冲突的可能性要大很多。相反，若主管是自恋型领导，下属是顺从的性格，那么彼此之间的关系会更和谐、更默契，这与过去的研究相呼应。有研究表明，自恋者具有较强的权力欲和控制欲，自恋的个体具有较强的支配性（Chatterjee & Pollock，2016）和较低的移情能力（Farwell & Wohlwend-Lloyd，1998），自恋者在维护人际关系上是有困难的，自恋型领导与下级的关系质量受下级支配性的调节（Grijalva & Harms，2014）。因此，自恋型领导与上下级关系的冲突受员工支配性的调节，面对高支配性员工，自恋型领导将激发更多的上下级关系冲突，而对于低支配性员工，自恋型领导与上下级关系冲突之间呈负相关关系。

七、员工主动性的调节效应

基于生涯建构理论（Savickas，2002），个体职业发展的实质就是追求主观自我与外在客观世界相互适应的动态建构过程，个体的特质和外部因素会影响生涯建构结果，这就意味着除了自恋型领导这一外部情境因素之外，个体的特质（如人格、价值观等）也是影响员工职业适应力和职业成功的重要因素。假设 H10 预测了员工的主动性在自恋型领导与职业适应力之间的调节作用。结合调节效应图（见图 6—3）可见，高主动性的员工会更好地调整自己以适应职业发展，其职业适应力并不会因自恋型领导的负面行为而产生大的影响。相反，当下属的主动性特质得分较低时，意味着工作中较多的依赖于上级主管的指令和工作安排，对主管的依赖性更大，其职业发展更容易受上级主管的影响，一旦领导呈现极端利己且消极负面的领导风格，员工则较难快速调整自己以适应职业发展，因此职业适应力会进一步削弱。因此，自恋型领导对员工职业适应力的影响受员工主动性特质的调节。

八、未通过验证的实证结果解释

虽然大部分理论假设得到了实证数据的支持，但也有部分研究假设没得到支持。假设 H6 并没得到样本二的数据支持，这表明环境不确定性在自恋型领导与上下级关系冲突之间的调节效应并不显著。一个可能的原因是，上下级关系冲突更多的是源自于上下级之间的性格、观念的不一致而导致的冲突，环境的变化对彼此关系的影响并不显著。自然假设 H13、H13a、H13b 也不会得到支持。

假设 H7 并没得到样本三的数据支持，这表明环境不确定性在自恋型领导与职业适应力之间的调节效应并不显著。一个可能的原因是，职业适应力更多受员工个体自身的影响较大，虽然职业适应力也会受情境因素的影响，但显然，环境的变化对自恋型领导与员工职业适应力关系的影响并不显著。所以，假设 H15、H15a、H15b 也不会得到支持。

假设 H8 并没得到样本一的数据支持，这表明员工的传统性在自恋型领导与职业自我效能感之间的调节效应并不显著。一个可能的原因是，样本中被试的平均年龄为 28.57，其中 94%的被试都是 35 岁以下的年轻人，受互联网和现代信息传播的影响较大，对传统性的概念比较模糊，传统性得分偏低（M=2.24），得分的差异性也很小（S.D.=0.19），因此，也很难检验传统性在自恋型领导与职业自我效能感之间的调节效应，自然假设 H12、H12a、H12b 也不会得到支持。虽然没有获得数据支持，但这一结论有待于未来的研究通过扩大样本和年龄跨度进一步进行探索。

本章小结

本章研究对三个样本涉及的所有变量进行了信度与效度分析，通过多元线性回归分析和多种方法，检验了自恋型领导影响员工职业成功的中介机制和边界条件，分析结果表明：（1）自恋型领导显著负向影响员工的主观职业成功和客观职业成功。（2）职业自我效能感、上下级关系冲突、职业适应力在自恋型领导与员工主客观职业成功之间的中介作用显著。（3）环境不确定性负向调节自恋型领导与员工职业自我效能感之间的关系；员工支配性负向调节自恋型领导与上下级关系冲突之间的关系；员工主动性负向调节自恋型领导与员工职业适应力之间的关系。(4) 环境不确定性强化了职业自我效能感的中介作用；员工支配性强化了上下级关系冲突的中介作用；员工主动性强化了职业适应力的中介作用。

第七章　基于生涯建构视角的员工职业成功促进措施

本研究在实证分析的基础上探讨了自恋型领导、职业自我效能感、上下级关系冲突、职业适应力、职业成功等变量之间的内在关系，得出了一些有意义的结论，对促进员工职业发展、提升组织绩效和员工忠诚度等方面将会有一定的帮助。生涯建构理论（Mark L. Savickas，2002）认为个体职业发展实际上是追求主观上的自我与外在的客观世界相适应的极具动态化的建构过程，个体的特质和外部因素会影响生涯建构结果，这就意味着除了情境因素之外，个体特质因素也是影响员工职业适应力和职业成功的重要因素。在具体的实践中，我们不但要预防自恋型领导的负面影响，而且还必须通过增强职业自我效能感、加强上下级关系管理等提高职业适应力的措施，促进员工的职业成功。因此，基于生涯建构理论，我们可以从个体因素方面（内部）、组织情境因素方面（外部）着手采取措施以促进员工的职业成功。

第一节　促进职业成功的个体内部措施

事实证明，个体因素如职业自我效能感会影响个体的职业适应力（Abele & Spurk，2009；Lent，Brown & Hackett，1994），因此，激发个体的积极特质对于促进个体的职业成功具有重要意义。根据社会认知职业理论，个体在职业发展过程中，有三个关于个体的核心变量如自我效能、个人目标及结果预期，三者之间是相互影响的（Lent，Brown & Hackett，1994）。个体的自我效能的形成和改变取决于个体的观察学习、个体的生理和心理状态等方面。因此，要提高员工的职业自我效能感，促进个体的职业成功，本研究认为，通过引导员工形成正确的归因方式、适当调整自我监控偏好、合理的目标设置等措施是激发个体形成积极职业自我效能感的内部推动力量，是促进个体职业成功的重要保证。

一、引导低自我效能感的员工正确归因

（一）归因方式

归因（Attributional style）是指人们对已发生的好事情或坏事情进行认知上的原因分析与总结。员工在工作中对行为结果会进行成功或失败的原因总结，一般来说，归因方式可罗列如下。

1.归因于能力

作为个体顺利实施某种特定活动的心理条件之一，能力可概括为个体所具有的潜力与可能性。员工若将工作的成败与自己具有能力的大小相关联，则会引起内心中不同的情绪反应。员工若认为其工作的成功，得益于自己较强的能力，那么他就会感到满意与自豪，更加期待以后的职业发展，并有强烈的意愿，继续争取成功。相反，员工若把工作的失败归因于其较弱的能力，内疚与羞愧的情绪就会产生，比如会认为"我不行"，"我无法胜任现

在的工作", 或"我不适合现在的职业"等, 不会对后续工作产生期望, 这就不利于长期的职业发展。

2.归因于努力

员工也会把任务的成败归结于自身是否努力。员工若认为是自己的努力争取带来了工作上的成功, 就会产生愉悦, 进而对将来的任务都会努力地争取成功。员工若认为是自己没付出努力, 导致了工作任务的失败, 则他可能会进行自我的反省, 认为"我只要努力了, 一定能行", 产生成功的期望, 进而发奋努力; 也可能会滋生不良的情绪, 这取决于个体的认知。能力与努力都属于归因的内部原因, 不同之处在于它们的稳定与否, 能力是稳定的, 而努力是不稳定的, 个体可灵活掌握。

3.归因于任务的难度

员工也会认为任务的难度决定着任务的成功与否。员工若认为自己接受了高难度的任务而取得了工作上的成功, 则会产生较高的成就感, 会更有意愿挑战高难度的任务, 取得突破; 但是如果员工认为任务的难度较低导致了成功, 则对员工的情绪影响不大。如果员工把失败归因于任务的高难度, 超出了自己能力时, 情绪波动也不会随意地产生, 对其自我价值感的影响不大。

4.归因于运气

当员工认为运气因素决定任务成败时, 成功与否, 都不会较大影响员工的情绪与行为。员工会认为结果是由客观原因造成的, 外部客观因素是不可控的, 员工会认为"这次工作结果完全是个意外""评价不公正""有外界干扰", 所以骄傲或沮丧的情绪也不会产生。运气与任务难度都是外部因素, 不同点是任务难度是稳定的因素，而运气是不稳定的因素。

（二）归因方式与自我效能感

学者 Tschannen-Moran 和 Hoy（2001）认为个体获得效能消息源之后，会对自己过去已经完成的任务或取得的成绩进行归因，然后就会形成关于个人能力的评价，从而对个体的自我效能感产生影响。如果个体把取得的成功归因于个体可控的或者内在的因素，如归因于个人付出的努力或是个人具备的能力，那么就会感觉到自豪和满意，自我效能感将得到增强，更期待在工作中做出更多的成就，但是如果个体把取得的成功归因于偶然的运气因素或其他，则自我效能感的增强与个体的成功没必然关系。若个体将失败归结于个人的能力或努力等内在原因，那么就会产生挫败感，自我效能感将被削弱，如果把失败归因于外部因素，如运气或任务难度，那么效能感并不会明显降低。

（三）建立正确的归因方式

为了促进员工职业发展，提高工作绩效，应加大对低自我效能感的员工进行正确归因的引导力度，增强其自我效能感。首先，员工应正确看待工作结果，综合分析原因。员工往往会用比较主观的方式去看待自己的工作结果，尤其是自恋型领导对其进行的负面评价如批评、否定等行为，容易形成其负面的心理和情绪，干扰其对自身工作能力评价的客观性。因此，引导低效能感员工对行为结果或工作结果进行正确评价和原因分析，使员工对自己的能力和工作结果做到心中有数，以免对职业效能感产生消极影响。个体要客观认识到自己能力和努力的差距，但不要过分地把自恋型领导的负面评价当成归因分析的主要依据，进行过度归因，还需要综合分析外部因素，如任务难度和偶然性造成的影响。其次，对员工进行归因训练。无论从事什么工作，什么职业，都要求员工能更好地发挥自身的工作能力，将职业自我效能感的积极一面展现出来，这就要求各员工要掌握具体的归因方法，如客观分析、成败归因、他人（如同事、客户等）反馈法等。Lock（2008）的研究表明，自恋的上级会把他人的成功归因于自己，并对他人的失败与缺点横加指责，这样可以调节他们的自卑情绪，并增强其自我意识。考虑到自恋型管理者的这些行为特点，下属在面对工作开展不顺利或取得糟糕绩效时，应该避免以自恋型的上级的评价为主导，而是通过同事或客户的反馈来评价，迅速准确地进行归因，及时调整工作思路和方法，促进自己的职业发展。

二、引导员工适当调整自我监控偏好

作为一种重要的个体变量，自我监控指的是个体以自己正在进行的认知活动为意识对象，持续地对其进行自觉而积极的监控，其水平高低对主体完成任务的效率有较大影响（宋耀武和齐冰，2003）。良好的自我监控力水平，对个体的自我效能感有影响，它是个体的工作任务完成的必备心理条件，在实时监督与外部控制缺少的条件下，良好的自我监控力与自我效能感有益于工作任务的完成，自我监控力缺乏的个体，会无法按时有效地完成任务。然而，我们必须清晰地认识到，有的人过于关注自己成功方面、忽视不足的地方而使得个体的效能感过于夸大，有的人则过于关注自己在工作中呈现出的不足或消极面，而削弱了自我效能感，也就是说，每个人的自我监控偏好是有差异的。针对这种情况，十分有必要引导员工适当调整自我监控偏好。首先，管理者要关注自我监控偏好消极面的个体。在组织中对这一类个体进行甄别，并加以区分管理。过分关注消极面的个体，对自恋型领导的负面行为就会表现得更加敏感，对其职业自我效能感的消极影响会更大，因而难以适应组织环境。其次，组织要营造积极向上的组织氛围，通过良好的组织氛围，逐渐影响过于关注消极面的个体，促使其更好地融入组织，调整其自我监控偏好。最后，管理者对其进行一对一的引导。对自我监控偏好倾向于消极面的个体，进行适当的引导，更多地关注领导或其他组织成员的积极行为，通过调整自己的行为和态度来适应不同的环境和要求。

三、进行合理的目标设置

目标设置与自我效能感有着密切的关系，设置合理的目标不仅有利于提高效能感，也容易促进绩效的提高。然而，自恋的管理者好大喜功，敢于冒风险，过于乐观，过高估计自己的能力（Chatterjee & Hambrick，2007；Chatterjee & Timothy，2017；Maccoby，2000），对实现目标的现实困难往往估计不足。因此，给员工设置的目标会不切实际，而且追求高标准，使得员工难以完成目标，因而严重挫伤积极性，降低员工的自我效能感。然而，更糟糕的是，自恋的管理者在设置目标时，很难听取下属的建议，员工反馈的意见，无法得到自恋的管理者的认可和采纳。因此，为了让设置的目标更合理，第一，针对自恋的管理者这种大胆决策，通过承诺实现夸大的目标来为自己邀功请赏的企图，上级领导要进行识别和干预，适当地给自恋的管理者降降温、踩刹车，调整目标。第二，绩效管理工作人员在对员工的评估结果进行反馈时，需要充分听取员工的意见，并把这些意见归总给自恋的主管，引发其反思，进而适当调整目标。第三，下属在工作总结会或项目总结会上要积极表达出对目标设置的意见与想法。基于自恋型领导的特点，他们很难听取他人的意见，但并不总是这样，尤其是项目失败时，作为主管，也可能会进行反思，因此，下属可以利用工作总结会或项目总结会的机会，对存在的相关问题进行反馈，也可以采用一定的策略，如与影响力大或消息灵通的同事组成同盟而不是个别反馈意见，指出该上级领导的决策和目标设置如何影响下属的目标实现，这样就能促进自恋的管理者进一步思考目标设置的问题。

第二节　促进职业成功的外部措施

一、预防自恋型领导的负面效应

自恋型领导的典型特征，如以自我为中心、利己主义、爱出风头、行为攻击性强、独权专制等，其负面行为会给员工和组织带来巨大的负面影响，其营造的自利和毒性组织环境，在一定程度上阻碍着企业的持续成功和员工的职业发展。因此，组织应该采取有效措施预防自恋型领导带来的负面效应。

（一）重视自恋型领导带来的消极影响

当前，自恋型领导广泛存在于各种商业组织中，如苹果的创始人乔布斯、惠普前 CEO 卡莉·菲奥莉娜，还有英国帝国化学工业公司的约翰·哈维·琼斯、eBay 前 CEO 梅格·惠特曼、谷歌前 CEO 埃里克·施密特、思科 CEO 约翰·钱伯斯等，都被媒体贴上了自恋的标签。大量的自恋者因展示其过人的自信走向管理岗位。学者唐纳德对自恋型管理者进行的学术研究表明，"自恋型"CEO 具有惊人的破坏力，会给员工和公司造成很大的伤害，甚至在一些情况下，最终会毁掉公司。本研究实证分析结论也表明，自恋型领导方式会降低员工的职业效能感、引发上下级关系冲突，削弱员工的职业适应力，从而对员工的职业成功（生涯构建的结果）产生消极影响。虽然自恋型领导在危机或困境时能发挥积极作用，但大多数情况下其消极作用要大于积极作用，其"黑暗面"对员工及组织会产生不利影响。员工的职业成功依赖于组织的支持，组织的发展通过员工自我价值和目标的实现来推动，因此，组织应该重视自恋型领导带来的消极影响。

（二）通过制度及组织设计预防自恋型领导的越轨行为

自恋的管理者会对员工及组织做出越轨行为（李铭泽等，2017），如霸道、贬斥下属、冷漠、独断、语言攻击、反生产行为等，越轨行为容易引发灾难性后果。研究表明，自恋型领导的越轨行为在组织内广泛存在，而且会对团队效能和员工的行为及职业发展产生显著的负面影响（Bushman & Baumeister，1998；Kernis & Sun，1994；Morf & Rhodewalt，1993），因此须严格控制自恋型领导的越轨行为。

1. 完善管理者的选拔和任用制度

为了预防自恋型领导越轨行为的发生，需要组织在源头进行预防，完善管理者的选拔制度，明确管理者的任期，规范管理者的权力和职责。因此，管理者选拔，尤其是选拔高管，组织不仅要对候选人的积极特质进行评估，也要关注其消极特质。西方学者 Hogan（2001）就旗帜鲜明地提出，为了选拔出优秀的员工或管理者，尤其是在员工晋升选拔的时候，要对候选人的黑暗个性特质如自恋倾向及个体的伦理道德水平进行评价，可在某种程度上识别出潜在的自恋型管理者。为了实现这一目标，首先需要组织明确测评程序，把个体潜在的自恋特质有效地检测出来。例如，可以建立胜任力模型或找到能进行综合反馈和测评的工具，将测评工具的要素扩充到管理者的消极特质，尤其是自恋特质。在选拔管理者时对候选人进行自恋人格测试，自恋倾向严重，尤其表现为极端自私、自大的候选人，其成为管理者对组织弊大于利，应不予以录用，当然，组织针对这种情况，也可以鼓励这些候选人以适当的方法进行自我完善和矫正。其次，在管理者的选拔环节，尤其是选拔高层管理者，要注重选拔的公开与民主。识别与选拔管理者过程的透明将有助于确保排除具有极端型自恋特质的管理者的当选。在选拔过程中，如果缺乏公开的过程，也许会带来消极后果。但我们也要清楚这一点，选拔透明也不是意味着要公开选拔工作的所有方面。而是在选拔的重要环节，积极听取群体中的多数人的意见，最好能获得匿名反馈。要做到这一点，既要允许组织成员提供真实的反馈，同时又要采取措施保障反馈者的安全。

2.制定完善的工作流程和工作标准

管理者在组织中的地位特殊，工作自主性较高，自恋的个体比一般的个体更具特权感，他们认为自己的越轨行为是合理而正常的，这些因素导致自恋的管理者的越轨行为更容易发生。为了制约自恋型管理者的权力，需要设计制度，确保其个人利益不凌驾于他人或集体利益之上，更防止其越轨行为对个人利益与集体利益产生损害。组织（尤其是国企）应致力于建立有效的干预机制，将管理者越轨行为的发生频率降至最低。因此，组织在给予管理人员一定工作自由度的同时，日常的有效监管也不能忽略。

3.建立相互制衡的组织系统和规范的管理制度

由过去的研究我们可以知道，自恋型领导风格的形成和组织结构密切相关。为了预防自恋的管理者产生越轨行为，重要的就是建立相互制衡的组织系统和规范的管理制度。因此，建立组织内部的对权力进行控制和分割的系统，就可以降低集权程度，以避免强势的管理者或少数人滥用权力、操控权力和单向控制，让组织处于危险的境地。借助相互制衡的组织系统，组织可以在基层对责任、制度和管理系统进行必要的控制。学者 Kaiser 和 Hogan（2007）认为，十分有必要对组织高层的董事会进行强有力的监督。因此，我们可以设置一定的条件来实现这一目标，如独立董事会成员应该包括外部成员，但要排除公司管理层参加。此外，还需要从事务上提高董事会的监督水平，比如提高对继任程序和绩效考核的监督水平。通过对权力的制衡和约束，管理层尤其是高层管理者的权力被控制在一定的范围之内，可以防范自恋型领导者对权力的滥用，避免其专权行为。

（三）加强管理者道德建设

1. 加强管理者道德建设的意义

自恋型领导具有自大傲慢的领导风格，其行为以利己为目的（Raskin，1991），常常利用权力为自己谋利，喜欢剥削他人，不愿受外部规范和道德标准的约束（Chatterjee & Timothy，2017）。Blickle 等学者探讨了自恋与白领犯罪的倾向之间的关系，验证了自恋与非道德行为相关。Hornett 和 Fredericks 研究认为，领导的自恋行为会影响组织伦理目标的实现。因此，我们认为自恋型领导的负面行为会酝酿"毒性"的组织文化和自利的组织氛围，自恋型领导的非伦理行为（如越轨行为）不仅对组织和员工产生直接的危害，更让人担心的是，这种非伦理行为会引发下属的效仿。社会学习理论认为个体会通过观察、模仿值得信赖且有吸引力的榜样来引导自己的价值观、态度和行为。领导是组织中的权威人物，如果其在组织中实施违反伦理及道德规范的行为，那么无意之中就成为下属实施非伦理行为的榜样，因此，员工的行为会以自恋型领导的伦理规范和道德标准为参考，从而更容易产生非伦理行为。因此，加强管理者的道德建设对预防自恋型领导的消极影响具有十分重要的现实意义。

一方面，加强管理者的道德建设是我国传统文化持续发展的需要。"德性"是传统文化中的重要部分，对我国古今领导者的治理可以产生重要的导向作用。东方"德性"的魅力促使西方管理理论开始着手研究中国东方领导思想。我国组织中尤其重视领导者的道德素养。在古代就对官员的道德有"礼仪以为纪"的要求。而儒家的思想对领导者也强调"以德行仁""为政以德"，要实施仁政和德政。我国学者凌文辁根据中国的具体情境提出了领导行为的三因素结构：C因素（个人品德）、P因素（工作绩效）、M因素（团体维系）。因此可以说，对管理者的道德要求是古今中国组织的首要要求。

另一方面，是组织可持续发展的需要。道德是领导的一个重要维度已成为近些年东西方管理伦理学者的共识。特别是人们越来越意识到道德对于领导者的重要性。然而，自恋型领导的越轨行为会给员工的心理及行为带来消极影响，同时给组织带来消极结果。如自恋型领导会使下属产生焦虑和无助感，降低自我效能感（Hannan & Young，2004）和工作满意度（Ouimet，2010），降低员工的组织承诺等；给组织带来的消极影响会破坏组织氛围（Tepper，2000）。目前我国在产业结构升级和转型期，组织的制度和规则还不够完善（韩美琳，2021），对管理者的行为监管将出现缺失和不到位的情况，因此，管理者易发生智德脱臼的情况。由此，我们认为，在当前组织变革加速的过程中，十分有必要加强领导的道德建设。

2. 加强管理者道德建设的措施

基于管理者道德建设的紧迫性和必要性，我们认为可以采取以下三个方面的措施进行管理者的道德建设。第一，健全组织运行机制。如果组织制度不完善、制度执行不力，这实际上为自恋型领导的越轨行为提供了组织条件，因为组织机制是组织成员行为的标准和方向，是管理者是否形成道德行为的外部环境。为了规范管理者的行为，组织要完善各项规章制度，尤其是完善管理干部监督机制和组织的用人选拔机制。第二，加强道德的教育。虽然自恋型领导的负性行为是一种违反组织规范的行为，但或许在某些情况下对团队的绩效表现却可能产生积极的影响。当领导者过分专注于管理结果和产出的时候，其管理行为有可能与组织规范（如诚信、公平、合作）发生严重冲突。这就要求组织应该定期对自身的行为和管理进行自检，在教育培训计划中列入道德教育模块，对管理者进行定期的道德教育和培训。第三，加强文化建设，树立正确业绩观。这就要求组织（尤其是处于环境动荡变化的组织）在日常管理中积极加强文化建设，强调不仅根据业绩表现而且根据业绩实现的方式来评价管理者的成绩。除此之外，组织还应警惕领导力的过程，防范自恋型领导的非伦理行为演变成为一种领导魅力或者是领导个性、有能力的体现。

二、缓解上下级关系冲突

随着有自恋倾向的个体在组织中越来越多地走向管理岗位，成为管理层的重要组成部分，其"黑暗面"人格特质将引发潜在的上下级关系冲突（Judge et al., 2006）。自恋的管理者以自我为中心，一切以自我利益为出发点，在上下级互动中，具有强烈的支配欲和占有欲（Hoffman，2011），缺乏换位思考，虽然他们能快速地与下级建立关系，但往往是脆弱而肤浅的关系（Chatterjee & Timothy，2017），这种关系是带有功利性目的的关系，只是服务于领导的个人目的，而且，自恋型领导的攻击性行为及对下属的当众批评和贬损等行为也会伤害上下级关系，乃至引发冲突，破坏信任，下属较难从上级领导处获得更多的资源和职业支持，从而影响职业成功。与此同时，由于就业人口构成多样化程度的加大，更多与领导价值观、态度不同的下属会出现在领导面前（Mohammed，2004），因此，自恋的管理者在如今的组织中，将引发更多的不可避免的关系冲突。如何把这种冲突带来的负面影响尽可能地降低就是实践中需要考虑的问题。我们认为，可以采取如下方式缓解上下级关系冲突。

（一）从组织角度采取措施

1.为员工设置意见反馈渠道

自恋的管理者难以听进别人的建议，尤其对提出负面反馈的下级，上级会采取威胁、打压的措施（Maccoby，2004；Campbell，2009）。因此，在组织中员工给自恋的管理者建言容易引发上下级关系冲突，我们建议，组织为了能倾听员工的心声，又避免上下级关系冲突，可以在每一个部门设置一个意见箱或一个公开的电子邮箱，定期进行意见的收集和管理。

2.对组织中管理者的辱虐行为进行干预

自恋的管理者会在工作场合批评、呵斥、贬损下属，伤害下属的自尊（Benson & Hogan，2008），从而引发冲突，组织对于管理者的辱虐管理行为，应建立惩罚机制，对这类破坏性行为进行约束，员工投诉后一旦证实上级的辱虐行为，看情节轻重予以惩罚。并在职业晋升中设定标准，对多次被投诉的管理者，超过标准则不予提拔。

（二）从管理者角度采取措施

1.全面认识自我

自恋的管理者有很强的优越感，常常持有特权思想，缺乏同理心，行为充满攻击性（Goldman，2006），因此，建议自恋的管理者加强自我学习，提高移情能力，如进行自我认知学习，清晰地认识到其负面行为给下属的自尊和上下级互动带来的消极影响。只有自恋的管理者在思想上有了认识，才会在行为上有所改善，这样才能从根源上避免冲突的产生。

2. 进行情绪控制练习

自恋的领导拥有脆弱的自尊，总是认为，下属的负面反馈及持有不同的意见是对他的否定（Maccoby，2004；Campbell，2009），容易情绪失控，言行充满攻击性（Rhodewalt & Morf，1998），同时，为了表示出自己的优越感，又会对绩效糟糕的员工进行指责和批评（Bushman & Baumeister，1998；Kernis & Sun，1994；Morf & Rhodewalt，1993）。我们建议自恋型管理者参加情绪管理课程培训，提高情绪控制能力，改变简单粗暴的管理风格，尊重下属，用鼓励和支持替代指责、批评，建立互信，从而提高领导效能。

3. 对员工进行分类管理

自恋的管理者并非和所有的员工都会发生关系冲突，如低支配性员工与自恋的上级关系冲突的可能性就要小很多，因此，管理者可以对员工进行分类，分为高支配性员工、低支配性员工，其发生关系冲突的可能性及激烈程度也不一样，上级可以对不同的员工采取不同的管理方式。

（三）从员工角度采取措施

1. 采取恰当的措施向自恋的上级建言

自恋的个体行为的出发点很大一部分是为了得到他人的赞

美，以维持其优越感。员工充分了解自恋的管理者特点之后，选择恰当的建言方式，如先对管理者进行肯定和表扬，建立相互信任之后，在轻松愉快的氛围中把握住机会，提出建议，既照顾到管理者面子，又能让其接纳不同的观点，尽量避免与自恋的上级发生正面冲突。

2.提高员工的情绪智力

既然员工与自恋的上级之间的共事和互动无法回避，员工作为潜在冲突的当事人，通过其自身的努力来缓和彼此的紧张关系就显得尤为重要，其中，提高员工的情绪智力就是一条十分有效的途径。实证研究表明，高情绪智力的员工更容易和自己的上级建立良好融洽的关系。不仅如此，高情绪智力的员工面对自恋型领导的批评、贬损等负性行为时，可以较好地调节好自己的情绪，可以在一定程度上缓解紧张关系。与其他相对较稳定的人格特质（如大五人格、自尊等）相比，情绪智力较容易通过培训与其他方式的学习而获得提高。有相关研究认为，后天的培养有助于情绪智力的提高（Wong et al., 2004）。所以，员工可以参加情绪智力方面的培训，通过提高自身的情绪智力来缓解与上级的关系冲突。

本章小结

本章从生涯建构理论的视角，提出了促进职业成功的个体内部措施（个体因素）和外部措施（组织情境因素）。促进职业成功的个体内部措施主要包括：引导低自我效能感的员工正确归因、引导员工适当调整自我监控偏好、进行合理的目标设置。促进职业成功的外部措施主要包括：通过重视自恋型领导带来的消极影响，规范及完善制度及组织设计、加强管理者道德建设来预防自恋型领导的负面效应；从组织、管理者和员工角度采取措施，缓解上下级关系冲突。

第八章　结论与未来展望

互联网和信息技术的发展及全球化竞争给组织结构带来了新变化，组织结构需要调整和优化以应对各种挑战（魏江、刘嘉玲、刘洋，2021；裴嘉良、刘善仕、蒋建武、黄小霞、冯镜铭，2021），这种不断变化的工作环境和组织结构，使员工的职业发展模式不再是一成不变的单一模式，而是变成了一种不确定的、多方向的发展模式，即是"无边界职业生涯模式"。这种复杂多变的职业生涯使员工更重视职业发展过程中与职业相关的知识、技能和能力，即职业胜任力。因此，个体为了主动控制自己的职业生涯，积极主动寻求对自己有意义的组织和工作，会更加重视职业胜任力的成长，这关系到员工是否能取得职业成功。

在组织中，员工并非孤立的存在，而是嵌入组织内部的社会网络之中，其职业发展深受组织中的各种情境因素的影响（王震、孙健敏、赵一君，2012），尤其是上级主管的行为方式及领导风格对员工职业成功的影响极为深刻（李太，2011；杨付等，2014）。随着组织环境的不确定性及竞争的加剧，组织中有自恋倾向的个体日益得到重视并走向管理岗位，自恋型领导方式成为一种不可忽略的领导方式，在很大程度上影响着员工和组织的发展（Maccoby，2004；Rosenthal，Pittinsky，2006；Chatterjee & Hambrick，2007；Campbell，2009；丁志慧、刘文兴，2018；Wang et al.，2018）。当前，自恋型领导方式在组织行为学和领导学领域中也成为学者们关注的热点问题（Galvin，Waldman & Balthazard，2010；Harms，Spain & Hannah，2011；Nevicka，Ten Velden，DeHoogh & Van Vianen，2011；O'Boyle，Forsyth，Banks & McDaniel，2012；Peterson，Galvin & Lange，2012），然而，自恋型领导在中国组织情境下受哪些因素的影响，自恋型领导会不会对员工的职业成功产生影响，以及如何产生影响，在过去的研究中还未曾讨论过这个问题。因此，鉴于组织中自恋型管理者的增多及无边界职业生涯时代员工职业生涯发展模式的改变，本研究探讨了影响自恋型领导的组织特征因素，并基于智能职业生涯理论、人格特质理论、社会认知职业理论，生涯建构理论构建了自恋型领导与员工职业成功的关系模型，探讨了自恋型领导对员工职业成功的影响路径及边界条件，并基于实证分析的结果和生涯建构理论，提出了促进员工职业成功的对策。

本章将对本研究的全部内容进行概括和总结，主要包括本研究的主要研究结论、理论贡献、管理启示、本研究的局限及未来研究展望。

第一节　主要研究结论

一、控制变量（管理者的性别、管理层级）与自恋型领导关系

本研究通过独立样本 t 检验（T-Test），发现主管的性别与下属评价的自恋型领导显著相关，男性主管的自恋型领导平均得分比女性主管的自恋型领导平均得分更高，这与 Foster 等（2003）的实证研究的结论相符，他们认为，男性员工比女性员工更自恋。单因素方差分析结果表明，上级主管的职位级别不同，其自恋型领导得分也不一样，其中，基层管理者的自恋型领导平均得分最低，中层管理者的自恋型领导平均得分居中，高层管理者的自恋型领导平均得分最高。这也就说明，管理层级越高的管理者越容易自恋。这与过去的研究结论一致，认为不同管理级别的管理者的自恋程度不同（Maccoby，2007）。

二、影响自恋型领导的组织特征因素

本研究从中国情境下的组织特征的视角揭示了自恋型领导的形成机制，证实了企业性质、个体主义氛围、组织集权化是影响自恋型领导风格形成的重要的组织特征因素。首先，不同性质的企业追求的目标不同，因而形成的内部管理机制和价值导向自然会产生巨大的差异（洪雁，2012），国有企业具有独特的管理机制、行为方式和组织氛围，国有企业的这种强调威权和官僚的组织环境为管理者的自恋行为和领导风格的形成提供

了成长的土壤（Padilla et al.，2007）。其次，随着经济的快速增长和东西方文化的融合，新生代的中国年轻人更加富有个体主义特质（苏红、仟孝鹏，2005），个体主义氛围的逐渐浓厚进一步推动了自恋型领导风格在我国组织情境的形成。最后，高度集权的组织一方面加剧了管理者手中权力和资源的集中，会滋生管理者的优越感和对他人的过度支配性，另一方面，集权化的组织易使管理者的行为缺乏监督，为管理者的自恋提供了便利条件。

三、自恋型领导影响员工职业成功的中介机制

本研究从多源数据证实了自恋型领导对员工职业成功的负面影响效应，而且从职业胜任力的"know-why""know-whom""know-how"视角，采用三个独立样本分别探讨了自恋型领导影响员工职业成功的中介机制。实证结论表明，自恋型领导对员工职业成功的影响存在多条路径，具体表现为：自恋型领导方式降低了员工的职业自我效能感而阻碍员工职业成功；自恋型领导方式会激化上下级关系冲突而阻碍员工职业成功；自恋型领导方式会削弱员工的职业适应力而阻碍员工职业成功。这三条影响路径表明，自恋型领导会影响员工的职业信念、网络关系及职业适应力而阻碍职业成功。

四、自恋型领导影响员工职业成功的调节机制

自恋型领导的领导效能受具体情境的影响，自恋型领导给员工呈现的是"魅力"领导还是"毒性"领导，依赖于不

同 的 情 境（Blair et al., 2008；Galvin et al., 2010；Judge et al., 2006；Maccoby, 2000；Resick et al., 2009；Rosenthal & Pittinsky, 2006）。本研究证实了环境不确定性对自恋型领导与职业自我效能感的调节作用、员工的支配性格对自恋型领导与上下级冲突的调节作用及员工的主动性对自恋型领导与员工职业适应力的调节作用。这也证实了自恋型领导的多面性及复杂性，即自恋型领导对员工的影响存在情境依赖性，环境不确定性、员工的性格特质是自恋型领导影响员工职业成功的"情境因素"。

五、基于生涯建构理论的员工职业成功促进措施

基于生涯建构理论（Mark L. Savickas, 2002），我们知道，个体的特质和外部因素都会影响生涯建构结果，这就意味着除了情境因素之外，个体特质因素也是影响员工职业适应力和职业成功的重要因素。结合实证分析的相关结论，本研究提出了促进职业成功的个体内部措施（个体因素）和促进职业成功的外部措施（组织情境因素）。促进职业成功的个体内部措施主要包括：引导低自我效能感的员工正确归因、引导员工适当调整自我监控偏好、进行合理的目标设置。促进职业成功的外部措施主要包括：重视自恋型领导带来的消极影响，规范及完善制度及组织设计、加强管理者道德建设来预防自恋型领导的负面效应；从组织、管理者和员工角度采取措施，缓解上下级关系冲突。

第二节 理论贡献与管理启示

一、本研究的理论贡献

本书从自恋型领导理论研究的薄弱点和空白处选题，进行了一系列有价值和意义的实证探究，达到了预期研究目标，为构建中国组织情境下的自恋型领导理论作出了一些贡献。

第一，本研究立足中国组织情境，从环境、文化、结构视角揭示了影响自恋型领导形成的因素。本研究：①以企业性质分类，把企业分成国有企业和非国有企业，突出了中国独有的组织特征；②从理论上提高了文化因素、组织结构因素对自恋型领导形成机制的解释力；③改变了过去研究侧重人口特征变量对自恋型领导的影响，丰富了自恋型领导前因变量研究，对建构中国组织情境下的自恋型领导理论做了一些基础性研究。

第二，论文以自恋型领导为前因变量，探讨了自恋型领导对员工职业成功的影响。本研究：①从理论上客观分析了自恋型领导风格与员工职业成功的关系，丰富了自恋型领导的结果变量研究，进一步加深对自恋型领导的职场效应的了解和认识；②为后续研究者进一步探讨自恋型领导风格的职场效应提供了借鉴。

第三，论文以自恋型领导为自变量，职业自我效能感、上下级关系冲突、职业适应力为中介变量，员工职业成功与否为结果变量，建构了自恋型领导影响员工职业成功的机理，这一机理已被实证研究所验证。其理论贡献主要体现为：①系统全面地揭示了自恋型领导对员工职业成功的影响过程；②突破了过去研究关注个体感知（如组织公平）视角，从动机、关系、能力三方面探讨自恋型领导对员工职业成功的影响过程，打开了自恋型领导对员工职业成功影响的黑箱，也为预防自恋型领导的负面效应奠定了理论基础。

第四，本研究拓展了自恋型领导对员工职业成功的影响的边界条件。本研究：①客观反映了中国组织情境下，领导力、组织情境因素、职场效应交互作用的动态过程、基本运行规则和内在逻辑，深化了自恋型领导在不同组织情境下的影响效应研究。②深入分析了个体外部因素环境的不确定性及员工个体内部特质因素如传统性、支配性、主动性，在自恋型领导与员工职业成功之间的调节作用，扩展了自恋型领导对员工职业成功影响的边界条件。

二、管理启示

本书的研究成果不仅为丰富和发展自恋型领导相关理论作出了贡献，而且对组织的管理实践也具有一定的应用价值。

第一，本研究证实了组织特征因素如企业性质、个体主义氛围、组织集权程度对自恋型领导风格的形成会产生影响。研究结论可以启发组织的高层管理者从组织文化建设、组织结构设计等方面预防自恋型领导风格的形成，具体措施如改良国有企业的官僚工作作风，积极营造集体主义氛围，预防过度的个体主义文化，通过组织设计适度降低组织集权程度等。

第二，本研究证实了自恋型领导对员工职业成功的负面影响，有助于组织采取措施约束和管控自恋型领导负面效应。首先，需重视自恋型领导给员工和组织带来的消极影响；其次，通过规范及完善制度及组织设计预防自恋型领导的越轨行为，如完善管理者的选拔和任用制度、制定完善的工作流程和工作标准、建立相互制衡的组织系统和规范的管理制度；此外，通过道德教育和组织文化建设，加强管理者道德建设。

第三，本研究的研究结论有助于组织和管理者更好地促进员工职业成功，达到员工与组织共同发展的目的。首先，管理者可以通过引导低自我效能感的员工正确归因、引导员工适当调整自我监控偏好、进行合理的目标设置来激发员工的职业自我效能感；其次，可以从组织、管理者和员工三个层面来改善上下级关系，提高员工的职业适应力，促进员工的职业成长，提高组织绩效，进而实现员工与组织共同发展的目标。

第四，本研究证实了自恋型领导在不同情境下或面对不同员工会产生不同的领导效能，这就意味着自恋型领导会在不同的情境下给组织和个人带来或消极或积极的影响。因此，本研究的研究结论有助于提高自恋型领导在不同情境下的适应性，可以尽量避免自恋型领导的消极影响，使自恋型领导发挥其对组织和员工积极的影响，最终提高自恋型领导在不同情境下的领导效能。

第三节　研究局限与未来研究展望

一、研究局限

一方面，本研究涉及的问题具有一定的复杂性，研究设计方案也存在一定的局限，另一方面，虽然多次开会讨论修改方案并反复论证，但考虑到本人在研究期间时间的紧迫性，以及精力和能力的有限性，因此本研究还存在不少有待进一步完善的地方，主要表现在以下几个方面：

（一）关于研究样本。本书的研究对象以北京、天津、西安、上海、广州、青岛等地企业员工为主要调查对象，从华北、华中、华南、西北等区域，从不同的行业选取样本进行实证分析，虽然考虑了样本的多样性，但抽取的样本是方便样本，并不是随机样本，因此，研究结论的普遍适用性可能会受到一定的影响，尤其是在不同文化区域的样本，未来有必要在更广泛的区域范围开展研究，以进一步验证本书的结论。其次，从管理实践的角度看，未来研究还可以针对特定的行业，如 IT 行业、传统制造行业、服务业等进行更加深入、细致的研究，以便于提出有价值和有针对性的建议。此外，受制于社会资源的限制，本研究中关于自恋型领导对员工职业成功的影响实证部分所采用的企业样本量偏少，未来的研究可以采用更大的样本量去检验各研究变量之间的关系。

（二）关于同源误差。在自恋型领导的影响因素及影响效应研究中，本研究采用的所有变量（自恋型领导、个体主义氛围、组织集权、职业自我效能感、上下级关系冲突、职业适应力、职业成功可能性／与否等）都是由下属来报告，尽管我们采取了一定的措施，如将个体数据聚合到团队层面进行分析，Spector（1987）也认为这样的做法不会带来显著的偏差问题，但事实上，仍有可能存在一定程度的同源误差。因此，在后续开展的关于自恋型领导对员工职业成功的影响效应研究中，我们采用两时段数据采集的方式来规避同源误差问题，两次采集时间间隔了二十天左右，并且采用匿名采集信息的方式。尽管在研究中采取了较多的措施来避免同源误差问题，但研究结果的稳健性、变量之间的因果关系仍然会受数据的影响。因此，在未来的研究中，我们建议，最好采用间隔时间更长的三时段数据采集，而且由不同的来源来评价不同的变量，这样才能使研究结论更可靠、更有意义。

（三）关于测量工具。在本研究的开展中，我们采用下属报告的方式测量自恋型领导和上下级关系冲突。在测量时，涉及敏感问题，而且是对上级行为进行评价，下属可能担心填写的答案会被上级知晓（Greenberg & Folger，1988），由此可能存在一定的社会称许性偏差（Social Desirability Bias）。我们采用电子问卷的方式或者用专用信封以保证调查对象的信息不会泄露，这些措施在一定程度上会减少社会称许性带来的影响。因此，以后的研究可以在自恋型领导、上下级关系冲突等变量的测量中把社会称许性作为控制变量纳入分析（Umphress，Bingharn & Mitchell，2010），控制个性特质，包括负向特质和正向特质（Zellars，Tepper & Du，2002），从而更好地降低社会称许性的潜在影响。此外，自恋型领导的结构维度和测量量表还没有完全统一，不同的测量方式或许会导致一定的偏差存在，因此，本研究的测量结果是否完全准确，还需用其他的测量工具进行进一步的验证。

（四）关于中介变量之间关系。本研究基于智能职业生涯理论，构建了自恋型领导对员工职业成功影响的三条中介路径，并用实证数据加以验证。然而，这三个中介之间的关系并没有进行比较分析，需要明确哪条影响路径的影响更为突出。而且，三个中介是否存在相互影响，本研究也没有进行探讨和实证检验。

二、未来研究展望

未来的研究可尝试从以下几个方面进行：

（一）关于自恋型领导测量问卷的开发。目前对于自恋型领导的定义学术界仍有争议，如领导者自恋与自恋型领导都有很大的不同，因此把自恋性格量表直接应用来测量自恋型领导并不被学者们认同。Chatterjee 和 Hambrick（2007，2011）认为 NPI-40 不适合用来测量高层管理者（包含 CEO），即使高层管理者愿意参加，当面对自恋这个敏感的问题，他们还是会选择规避。由于中西方文化的差异，迫切需要适合中国文化情境下自恋型领导的测量问卷。因此，未来的研究中可以探讨当代中国人对自恋型领导的认识，以及这种认识与传统自恋及西方自恋的差别，在此基础上对自恋型领导进行科学界定，开发自恋型领导的专门测量问卷。

（二）关于对自恋型领导形成的影响因素的认识。本书的研究只是关注了中国组织情境下诱发自恋型领导风格的三个组织特征因素，对于其他的文化因素、环境因素、组织结构因素，尤其是结合中国企业的本土化因素，还值得进一步探讨。为了加深对自恋型领导形成机制的认识，未来的研究可以聚焦于中庸文化、和谐文化等价值导向，发现更多影响自恋型领导形成的因素。

（三）关于对自恋型领导作用机制的认识。首先，本书的研究只是从远端视角探讨了自恋型领导对员工职业成功的影响机制，未来的研究可以探讨自恋型领导对下属的近端影响效应，如工作投入度、工作满意度、上下级关系满意度、建言行为等，以丰富自恋型领导的结果变量研究。其次，自恋型领导的越轨行为（非伦理行为）是否会产生水滴效应，传导到员工层面，导致员工产生非伦理行为如职场偏差行为，也是值得未来的研究进一步探讨的。最后，自恋型领导除了会对下属产生直接影响，也会给自身的领导效能带来影响，因此，未来的研究有待于进一步考察自恋型领导对自身的影响效应（李铭泽、刘文兴、周空，2017），如职业声誉、越轨行为、领导效能等。

（四）未来的研究可以从资源视角探讨自恋型领导与员工职业成功的关系。虽然本研究从职业胜任力角度分析了自恋型领导对员工职业成功的影响，但是还有其他的影响途径值得探讨，如心理资源、社会关系资源视角，包括心理资本、领导成员交换等中介变量。

（五）未来的研究可以从文化视角、互动视角探讨自恋型领导与员工职业成功的边界条件。事实上，权力距离、员工与上级互动的领导距离等情境因素也可能会影响员工对自恋型领导的认知（丁志慧、刘文兴，2018），因此，未来的研究可以把权力距离和领导距离等作为调节变量进行研究，以丰富自恋型领导的情境化研究。

本章小结

在本章中，首先对本研究的主要结论进行总结和讨论，其次提炼出本研究产生的理论贡献及管理启示，最后提出本研究过程中的理论构建、逻辑关系、数据采集、研究设计中存在的局限，并指明未来可以继续探讨的研究方向。

参考文献

曾垂凯：《家长式领导与部属职涯高原：领导—成员关系的中介作用》，《管理世界》2011 年第 5 期。

陈译凡、陈成龙、羊鑫澜等：《基于组织变革理论的国有企业改革对策研究》，《现代管理科学》2021 年第 6 期。

陈云、杜鹏程：《情感事件理论视角下自恋型领导对员工敌意的影响研究》，《管理学报》2020 年第 3 期。

丁志慧、刘文兴：《自恋型领导对员工偏差行为的影响：道义公平与环境不确定性的作用》，《暨南学报（哲学社会科学版）》2018 年第 8 期。

仵凤清、高林：《西方自恋型领导研究综述及展望》，《领导科学》2014 年第 35 期。

郭文臣、田雨、孙琦：《可就业能力中介作用下的个人——组织契合对职业成功和组织绩效的影响》，《管理学报》2014 年第 9 期。

韩美琳：《新工业革命浪潮下我国产业转型升级的日德经验借鉴》，《当代经济研究》2021 年第 8 期。

洪雁：《中国组织情境下领导越轨行为的分类框架及效能机制研究》，浙江大学博士学位论文，2012 年。

黄达鑫、马力：《领导者如何影响创造力和创新？——相关影响机制的文献综述与理论整合》，《经济科学》2011 年第 1 期。

黄飞宇、杨国忠：《VUCA 环境下企业变革管理复杂适应系统的建构及实现路径》,《企业经济》2020 年第 8 期。

黄攸立、李璐:《组织中的自恋型领导研究述评》,《外国经济与管理》2014 年第 7 期。

蒋春燕:《中国新兴企业自主创新陷阱突破路径分析》,《管理科学学报》2011 年第 4 期。

李铭泽、刘文兴、周空:《自恋型领导会诱发工作场所越轨行为吗?——来自道德推脱和道义不公平理论的解释》,《中国人力资源开发》2017 年第 4 期。

李锐、凌文辁、柳士顺:《传统价值观、上下属关系与员工沉默行为——一项本土文化情境下的实证探索》,《管理世界》2012 年第 3 期。

李太、涂乙冬、李燕萍:《团队中的关系、迎合与职业成功——基于戏剧理论的解释框架》,《南开管理评论》2013 年第 2 期。

李太:《领导—部属"关系"对员工职业成长研究》,武汉大学博士学位论文,2011 年。

李锡元、梁果、付珍:《伦理型领导、组织公平和沉默行为——传统性的调节作用》,《武汉大学学报(哲学社会科学版)》2014 年第 1 期。

李永占:《略论自我效能感对学业成就和职业选择的影响》,《河南职工医学院学报》2007 年第 2 期。

李云:《上下级"关系"与中层经理人工作投入:职业成长的中介作用》,《企业导报》2014 年第 4 期。

廖建桥、邵康华、田婷:《自恋型领导的形成、作用及管理对策》,《管理评论》2016 年第 6 期。

刘宁、赵梅:《团队内任务冲突与关系冲突的关系与协调》,《科技管理研究》2012 年第 5 期。

刘蓉:《魅力型领导对下属职业成功的影响机制研究》,西南交通大学硕士学位论文,2014 年。

刘文兴、廖建桥、张鹏程：《辱虐管理对员工创造力的影响机制》，《工业工程与管理》2012年第5期。

路红、凌文辁、方俐洛：《破坏性领导：国外负面领导研究综述》，《管理学报》2012年第11期。

马新建、刘海霞：《基于领导有效性的管理者领导风格抉择——关于中国企业管理者有效领导风格的实证研究》，《大连理工大学学报（社会科学版）》2006年第3期。

裴嘉良、刘善仕、蒋建武等：《共享经济下新型非典型雇佣策略研究：基于动态能力视角》，《中国人力资源开发》2021年第7期。

舒化鲁：《管理必须严肃》，《刊授党校》2010年第10期。

谭乐、宋合义、薛贤：《领导者信息获取偏好对领导有效性的权变影响机制研究》，《管理学报》2014年第9期。

宋耀武、齐冰：《自我监控研究的新进展》，《心理与行为研究》2003年第4期。

唐春勇、王平、肖洒等：《道德型领导对新员工职业成长的影响机制研究》，《西南交通大学学报（社会科学版）》2015年第5期。

万淑贞、葛顺奇、罗伟：《跨境并购、出口产品质量与企业转型升级》，《世界经济研究》2021年第6期。

汪惠、陈建斌、李玉霞：《企业IT绩效与组织结构维度关系的实证研究》，《管理评论》2011年第5期。

王婷、杨付：《无边界职业生涯下职业成功的诱因与机制》，《心理科学进展》2018年第8期。

王震、孙健敏、赵一君：《中国组织情境下的领导有效性：对变革型领导、领导—部属交换和破坏型领导的元分析》，《心理科学进展》2012年第2期。

王忠军、龙立荣：《员工的职业成功：社会资本的影响机制与解释效力》，《管理评论》2009 年第 8 期。

魏峰、李然：《伦理领导和核心自我评价对职业成功的影响》，《工业工程与管理》2016 年第 1 期。

魏江、刘嘉玲、刘洋：《新组织情境下创新战略理论新趋势和新问题》，《管理世界》2021 年第 7 期。

温忠麟、张雷、侯杰泰等：《中介效应检验程序及其应用》，《心理学报》2004 年第 5 期。

吴隆增、刘军、刘刚：《辱虐管理与员工表现：传统性与信任的作用》，《心理学报》2009 年第 6 期。

吴明隆：《结构方程模型——Amos 实务进阶》，重庆大学出版社 2013 年版。

吴明隆：《问卷统计分析实务——SPSS 操作与应用》，重庆大学出版社 2010 年版。

肖小虹、王婷婷、陆露：《自恋型领导对知识隐藏的影响研究：道德认同的调节作用》，《山东财经大学学报》2020 年第 6 期。

谢琳：《领导行为模式对员工职业成长的影响机制研究》，兰州大学硕士学位论文，2014 年。

徐江、任孝鹏、苏红：《个体主义/集体主义的影响因素：生态视角》，《心理科学进展》2016 年第 8 期。

杨付、刘军、张丽华：《精神型领导、战略共识与员工职业发展：战略柔性的调节作用》，《管理世界》2014 年第 10 期。

叶畅东：《基于员工的团队内冲突管理对其绩效影响研究》，同济大学硕士学位论文，2006 年。

于维娜、樊耘、张婕等：《宽恕视角下辱虐管理对工作绩效的影响——下属传统性和上下级关系的作用》，《南开管理评论》2015 年第 6 期。

闫秀敏、曾昊、于文波:《中国式管理与中国管理模式的理论辨析》,《管理学报》2011 年第 9 期。

张海钟、赵静:《当代中国心理健康与心理素质标准问题研究新学说与我们的观点再阐述》,《社会工作下半月 (理论)》2007 年第 11 期。

张礼琴:《变革型领导对员工职业成功的影响机制研究》,东北师范大学硕士学位论文,2015 年。

张满林、苏明政:《社会责任、产权性质与企业绩效》,《鞍山师范学院学报》2021 年第 3 期。

张笑峰、尚玉钒、李圭泉等:《中国企业一把手"领袖化"过程:领导权威形成机制的探讨》,《南开管理评论》2015 年第 3 期。

Ituma A. & Simpson R., "Moving Beyond Schein's Typology: Individual Career Anchors in the Context of Nigeria", *Personnel Review*, Vol.36, No.6, (2007).

Abele A. E.& Spurk D., "The Longitudinal Impact of Self-efficacy and Career Goals on Objective and Subjective Career Success", *Journal of Vocational Behavior*, Vol.74, No.1, (2009).

Aboramadan M.& Turkmenoglu M. A.& Dahleez K. A. (et al.), "Narcissistic Leadership and Behavioral Cynicism in the Hotel Industry: the Role of Employee Silence and Negative Workplace Gossiping", *International Journal of Contemporary Hospitality Management*, Vol.33, No.2, (2020).

Agle B. R.& Nagarajan N.J.& Sonnenfeld J. A.(et al.), "Does CEO Charisma Matter? An empirical Analysis of the Relationships Among Organizational Performance, Environmental Uncertainty, and Top Management Team Perceptions of CEO Charisma", *Academy of Management Journal*, Vol.49, No.1, (2006).

Hoogh A.& Hartog D.& Koopman P. L., "Linking the Big Five-Factors of Personality to Charismatic and Transactional Leadership; Perceived Dynamic Work Environment as a Moderator", *Journal of Organizational Behavior*, Vol.26, No.7, (2005).

Al-Hussami Mahmoud & Sawsan Hammad & Firas Alsoleihat, "The Influence of Leadership Behavior, Organizational Commitment, Organizational Support, Subjective Career Success on Organizational Readiness for Change in Healthcare Organizations", *Leadership in Health Services*, Vol.31, No.4, (2018).

Allen, Tammy D. (et al.), "The State of Mentoring Research: A Qualitative Review of Current Research Methods and Future Research Implications", *Journal of Vocational Behavior*,Vol.73, No.3, (2008).

Amis, John M.& Johanna Mair & Kamal A. Munir, "The Organizational Reproduction of Inequality", *Academy of Management Annals*,Vol.14, No.1, (2020).

Andrisani, Paul J.& Gilbert Nestel, "Internal-external Control as Contributor to and Outcome of Work Experience", *Journal of Applied Psychology*, Vol.61, No.2, (1976).

Arthur, Michael B.& Svetlana N. Khapova (et al.), "Career Success in A Boundaryless Career World", *Journal of Organizational Behavior: The International Journal of Industrial, Occupational and Organizational Psychology and Behavior*, Vol.26, No.2, (2005).

Bahreinian,Mohammadreza,Mohmamadali Ahi.(et al.), "The Relationship Between Personality Type and Leadership Style of Managers: A Case Study", *Mustang Journal of Business and Ethics*, Vol.3, (2012).

Bailyn, Bernard, ed., "The Debate on the Constitution: Federalist and

Antifederalist Speeches, Articles, and Letters During the Struggle over Ratification", *Library of America*, Vol.1, (1993).

Ballout, Hassan I., "Career Success: the Effects of Human Capital, Person-environment Fit and Organizational Support", *Journal of Managerial Psychology*, Vol.22, No.8,(2007).

Bandura, Albert, "The Explanatory and Predictive Scope of Self-efficacy Theory", *Journal of Social and Clinical Psychology*, Vol.4, No.3, (1986).

Barney, Jay B., "Strategic factor markets: Expectations, Luck, and Business Strategy", *Management Science*, Vol.32, No.10, (1986).

Baron R. M.& Kenny D. A., "The Moderator Mediator Variable Distinction in Social Research: Conceptual, Strategic, and Statistical Considerations", *Journal of Personality and Social Psychology*, Vol.51, No.6, (1986).

Barry C. T.& Chapfin W. F.& Grafeman S. J., "Aggression Following Performance Feedback:the Influences of Narcissism, Feedback Valence, and Comparative Standard", *Personality and Individual Differences*, Vol.41, No.1, (2006).

Bateman T. S.& Crant J. M., "The Proactive Component of Organizational Behavior: A Measure and Correlates", *Journal of Organizational Behavior*, Vol.14, No.2, (1993).

Benson M. J.& Hogan R., "How Dark Side Leadership Personality Destroys Trust and Degrades Organizational Effectiveness", *E-Organizations & People*, Vol.15, No.3,(2008).

Bibi, Palwasha,Ashfaq Ahmad (et al.), "The Impact of Training and Development and Supervisor Support on Employees Retention in Academic

Institutions: The Moderating Role of Work Environment", *Gadjah Mada International Journal of Business*,Vol.20, No.1, (2018).

Blair C. A.& Helland K.& Walton B., "Leaders Behaving Badly: The Relationship Between Narcissism and Unethical Leadership", *Leadership & Organization Development Journal*, Vol.38, No.2,(2017).

Blair, Hoffman & Helland, "Narcissism in Organizations: A Multisource Appraisal Reflects Different Perspectives", *Human Performance*,Vol.21, No.3,(2008).

Blickle, Gerhard (et al.), "Some Personality Correlates of Business White-collar Crime", *Applied Psychology*, Vol.55, No.2, (2006).

Boudreau, John W.& Wendy R. Boswell (et al.), "Effects of Personality on Executive Career Success in the United States and Europe", *Journal of Vocational Behavior*, Vol.58, No.1, (2001).

Bradlee P. M. & Emmons R. A., "Locating Narcissism Within the Interpersonal Circumplex and the Five-factor Model", *Personality and Individual differences*,Vol.13, No.7, (1992).

Braun S.& Aydin N.& Frey D. (et al.), "Leader Narcissism Predicts Malicious Envy and Supervisor-targeted Counterproductive Work Behavior: Evidence from Field and Experimental Research", *Journal of Business Ethics*,Vol.151, No.3, (2018).

Brender-Ilan, Yael.& Zachary Sheaffer, "How Do Self-efficacy, Narcissism and Autonomy Mediate the Link Between Destructive Leadership and Counterproductive Work Behaviour",*Asia Pacific Management Review*, Vol.24, No.3, (2019).

Brown F. William & Michael D. Reilly, "The Myers-Briggs Type Indicator and Transformational Leadership", *Journal of Management*

Development, Vol.28, No.10, (2009).

Brummelman E.& Thomaes S.& Sedikides, "Separating Narcissism from Self-esteem", *Current Directions in Psychological Science*, Vol.25, No.1, (2016).

Brunell A. B.& Gentry W. A.& Campbell W. K. (et al.), "Leader Emergence: The Case of the Narcissistic Leader", *Personality and Social Psychology Bulletin*, Vol.34, No.12, (2008).

Burke Ronald J.& Carol A. McKeen, "Training and Development Activities and Career Success of Managerial and Professional Women", *Journal of Management Development*, Vol.13, No.5, (1994).

Bushman B. J.& Baumeister R. F., "Threatened Egotism, Narcissism, Self-esteem, and Direct and Displaced Aggression: Does Self-love or Self-hate Lead to Violence?", *Journal of Personality and Social Psychology*, Vol.75, No.1,(1998).

Cain N. M., Boussi A., "Narcissistic Personality Disorder", *Encyclopedia of Personality and Individual Differences*, Vol.51, No.6,(2020).

Campbell W. K.& Bush C. P.& Brunell A. B.& Shelton J., "Understanding the Social Costs of Narcissism: The Case of the Tragedy of the Commons", *Personality and Social Psychology Bulletin*, Vol.31, No.10,(2005).

Campbell W. K.& HoIlman B. J.& Campbell S. M .(et al.), "Narcissism in Organizational Contexts", *Human Resource Management Review*, Vol.21, No.4,(2011).

Cappelli, Peter, "A Market-driven Approach to Retaining Talent", *Harvard Business Review*, Vol.78, No.1, (2000).

Carnevale J. B.&Huang L.& Harms P. D., "Leader Consultation Mitigates the Harmful Effects of Leader Narcissism: A Belongingness

Perspective", *Organizational Behavior and Human Decision Processes*, Vol.146, (2018).

Carsten M. K.& Uhl-Bien M.& West B. J. (et al.), "Exploring Social Constructions of Followership: A Qualitative Study", *The Leadership Quarterly*,Vol.21, No.3, (2010).

Chandler J.& Alfred D., "Organizational Innovation-a Comparative Analysis", *American Corporate Economy: Critical Perspectives on Business and Management*, Vol.2, (2002).

Chang W.& Busser J. & Liu A., "Authentic Leadership and Career Satisfaction: the Meditating Role of Thriving and Conditional Effect of Psychological Contract Fulfillment", *International Journal of Contemporary Hospitality Management*,Vol.32, No.6, (2020).

Chatterjee A.& Hambrick D. C., "It's all about me: Narcissistic Chief Executive Officers and Their Effects on Company Strategy and Performance", *Administrative Science Quarterly*, Vol.52, No.3, (2007).

Chatterjee A.& Pollock T. G., "Master of Puppets: How Narcissistic CEOs Construct Their Professional Worlds", *Academy of Management Review*,Vol.42, No.4, (2017).

Chatterjee, Arijit & Donald C. Hambrick, "Executive Personality, Capability Cues, and Risk Taking: How Narcissistic CEOs React to Their Successes and Stumbles", *Administrative Science Quarterly*, Vol.56, No.2, (2011).

Chaudhary R.& Rangnekar S.& Barua M. K., "HRD Climate, Occupational Self-efficacy and Work Engagement: A Study from India", *The Psychologist-Manager Journal*, Vol.15, No.2,(2012).

Clarke, Marilyn, "Rethinking Graduate Employability: The Role of

Capital, Individual Attributes and Context",*Studies in Higher Education*, Vol.43, No.11, (2018).

Codreanu, Aura, "A VUCA Action Framework for A VUCA Environment. Leadership Challenges and Solutions", *Journal of Defense Resources Management*, Vol.7, No.2, (2016).

Cox, Taylor H.& Stacy Blake, "Managing Cultural Diversity: Implications for Organizational Competitiveness", *Academy of Management Perspectives*,Vol.5, No.3, (1991).

Crane, Bret & Christopher J. Hartwell, "Global Talent Management: A Life Cycle View of the Interaction Between Human and Social Capital",*Journal of World Business*, Vol.54, No.2, (2019).

Creed P. A.& Fallon T.& Hood M., "The Relationship Between Career Adaptability, Person and Situation Variables, and Career Concerns in Young Adults", *Journal of Vocational Behavior*,Vol.74, No.2, (2009).

Dai L.& Song F., "Subjective Career Success: A Literature Review and Prospect",*Journal of Human Resource and Sustainability Studies*,Vol.4, No.3, (2016).

Dan X.& Xu S.& Liu J. (et al.), "Innovative Behaviour and Career Success: Mediating Roles of Self-Efficacy and Colleague Solidarity of Nurses",*International Journal of Nursing Sciences*, Vol.5, No.3, (2018).

De Vries M. F. R. K.& Miller D., "Narcissism and Leadership: An Object Relations Perspective", *Human Relations*,Vol.38, No.6, (1985).

De Fillippi R. J.& Arthur M. B., "The Boundaryless Career: A Competency-Based Perspective", *Journal of Organizational Behavior*, Vol.15, No.4, (1994).

Deluga R. J., "Relationship among American Presidential Charismatic

Leadership，Narcissism，and Rated Performance",*The Leadership Quarterly*,Vol.8, No.1, (1997).

Derue D. S.& Nahrgang J. D.& Wellman N. E. D. (et al.), "Trait and Behavioral Theories of Leadership: An Integration and Meta-Analytic Test of Their Relative Validity",*Personnel Psychology*, Vol.64, No.1, (2011).

Dewar R. D.& Whetten D. A.& Boje D., "An Examination of the Reliability and Validity of the Aiken and Hage Scales of Centralization, Formalization, and Task Routineness", *Administrative Science Quarterly*, Vol.25, No.1, (1980).

Di Fabio A.& Peiró J. M., "Human Capital Sustainability Leadership to Promote Sustainable Development and Healthy Organizations: A New Scale", *Sustainability*, Vol.10, No.7, (2018).

Diener E.& Emmons R. A., "The Independence of Positive and Negative Affect",*Journal of Personality and Social Psychology*,Vol.47, No.5, (1984).

Ding Z.& Liu W.& Zhang G. (et al.), "Supervisor Narcissism and Time Theft: Investigating the Mediating Roles of Emotional Exhaustion and the Moderating Roles of Attachment Style", *Frontiers in psychology*,Vol.9, (2018).

Dreher G. F.& Ash R. A., "A Comparative Study of Mentoring among Men and Women in Managerial, Professional, and Technical Positions", *Journal of Applied Psychology*, Vol.75, No.5, (1990).

Dryer D. C.& Horowitz L. M., "When do Opposites Attract? Interpersonal Complementarity Versus Similarity", *Journal of Personality and Social Psychology*, Vol.72, No.3, (1997).

Eby L. T.& Butts M.& Lockwood A., "Predictors of Success in the era of the Boundaryless Career", *Journal of Organizational Behavior:*

The International Journal of Industrial,Occupational and Organizational Psychology and Behavior,Vol. 24, No.6, (2003).

Eby L. T.& Robertson M. M., "The Psychology of Workplace Mentoring Relationships", *Annual Review of Organizational Psychology and Organizational Behavior* ,Vol.7, (2020).

Emmons R. A., "Factor Analysis and Construct Validity of the Narcissistic Personality Inventory", *Journal of Personality Assessment*, Vol.48, No.3, (1984).

Emmons R. A., "Narcissism : Theory and Measurement", *Journal of Personality and Social Psychology*, Vol.52, No.1, (1987).

Erez M.& Nouri R., "Creativity: The Influence of Cultural, Social, and Work Contexts", *Management and Organization Review*,Vol.6, No.3, (2010).

Farh J. L.& Hackett R. D. & Liang J., "Individual-Level Cultural Values as Moderators of Perceived Organizational Support-Employee Outcome Relationships in China: Comparing the Effects of Power Distance and Traditionality", *Academy of Management Journal*,Vol.50, No.3, (2007).

Farh J. L.& Earley P. C. & Lin S. C., "Impetus for Action: A Cultural Analysis of Justice and Organizational Citizenship Behavior in Chinese Society", *Administrative Science Quarterly*, Vol.42, No.3, (1997).

Fiol C. M., "Managing Culture as a Competitive Resource: An Identity-Based View of Sustainable Competitive Advantage",*Journal of Management*,Vol.17, No.1, (1991).

Fors Brandebo, M.& Österberg J. & Berglund A. K., "The Impact of Constructive and Destructive Leadership on Soldier's Job Satisfaction", *Psychological Reports*,Vol.122, No.3, (2019).

Forsyth D. R.& Banks G. C.& McDaniel M. A., "A Meta-Analysis of

The Dark Triad and Work Behavior: Asocial Exchange Perspective", *Journal of Applied Psychology*, Vol.97, No.3, (2012).

Foster J.D.& Campbell W.K.& Twenge J.M., "Individual Differences in Narcissism: Inflated Self-Views Across the Lifespan and Around the World", *Journal of Research in Personality*, Vol.37, No.6, (2003).

Foster J.D.& Misra T.A.& Reidy D.E., "Narcissists are Approach-Oriented Toward Their Money and Their Friend", *Journal of Research in Personality*, Vol.43, No.5, (2009).

Francesco A. M. & Chen Z. X., "Collectivism in Action: Its Moderating Effects on the Relationship Between Organizational Commitment and Employee Performance in China", *Group & Organization Management*,Vol.29, No.4, (2004).

Callanan G. A. & Greenhaus J. H., "The Career Indecision of Managers and Professionals: Development of a Scale and Test of a Model", *Journal of Vocational Behavior*, Vol.37, No.1, (1990).

Galvin G. M.& Waldman D. A. & Balthazard P., "Visionary Communication Qualities as Mediators of the Relationship Between Narcissism and Attributions of Leader Charisma", *Personnel Psychology*, Vol.63, No.3, (2010).

Gattiker U. E. & Larwood L., "Predictors for Managers'Career Mobility, Success, and Satisfaction", *Human Relations*,Vol.41, No.8, (1988).

Glad B., "Why tyrants go too far: Malignant Nacrissism and Absolute Power", *Political Psychology*, Vol.23, No.1, (2002).

Gladwell M., "The talent myth", *The New Yorker*, Vol.22, No.6, (2002).

Godkin L. & Allcorn S., "Organizational Resistance to Destructive Narcissistic Behavior", *Journal of Business Ethics*,Vol.104, No.4, (2011).

Goldman A., "Personality Disorders in Leaders: Implications of the DSM IV-TR in Assessing Dysfunctional Organizations", *Journal of Managerial Psychology*, Vol.21, No.5, (2006).

Greenberg J. & Folger R., "Controversial Issues in Social Research Methods", *Springer Science & Business Media*, 2012.

Greenhaus J. H.& Parasuraman S. & Wormley W. M., "Effects of Race on Organizational Experiences, Job Performance Evaluations, and Career Outcomes", *Academy of Management Journal*,Vol.33, No.1, (1990).

Grijalva E. & Harms P. D., "Narcissism: An Integrative Synthesis and Dominance Complementarity Model", *Academy of Management Perspectives*, Vol.28, No.2, (2014).

Grijalva E.& Harms P. D.& Newman D. A. (et al.), "Narcissism and Leadership: A Meta-Analytic Review of Linear and Nonlinear Relationships", *Personnel Psychology*, Vol.68, No.1, (2015).

Grijalva E. & Newman D. A.& Tay L.(et al.), "Gender Differences in Narcissism: a Meta-Analytic Review", *Psychological Bulletin*,Vol.141, No.2, (2015).

Guan Y.& Arthur M. B.& Khapova S. N.(et al.), "Career Boundarylessness and Career Success: A Review, Integration and Guide to Future Research", *Journal of Vocational Behavior*,Vol.110, (2019).

Guzman A. B. & Choi K. O., "The Relations of Employability Skills to Career Adaptability Among Technical School Students", *Journal of Vocational Behavior*, Vol.82, No.3, (2013).

Hage J. & Aiken M. "Relationship of Centralization to Other Structural Properties", *Administrative Science Quarterly*, Vol.12, No.1, (1967).

Hall D. T.& Hall F. S., "What's New in Career Management",

Organizational Dynamics,Vol.5, No.1, (1976).

Hamamura T. &Xu Q. & Du Y., "Culture, Social Class, and Independence–Interdependence: The Case of Chinese Adolescents", *International Journal of Psychology*, Vol.48, No.3, (2013).

Harms P. D.& Spain S. M.& Hannah S. T., "Leader Development and the Dark Side of Personality", *The Leadership Quarterly*, Vol.22, No.3, (2011).

Harris K. J.& Kacmar K. M.& Zivnuska S. (et al.),"The Impact of Political Skill on Impression Management Effectiveness", *Journal of Applied psychology*,Vol.92, No.1, (2007).

Hautala T. M., "The Relationship Between Personality and Transformational Leadership", *Journal of Management Development*, Vol.25, No.8, (2006).

Hayes A. F. & Scharkow M., "The Relative Trustworthiness of Inferential Tests of the Indirect Effect in Statistical Mediation Analysis: Does Method Really Matter?", *Psychological Science*,Vol.24, No.10, (2013).

Hayes A. F., "An Index and Test of Linear Moderated Mediation", *Multivariate Behavioral Research*, Vol.50, No.1, (2015).

Heckelman W., "Five Critical Principles to Guide Organizational Change", *OD Practitioner*, Vol.49, No.4, (2017).

Higgs M., "The Good, the Bad and the Ugly: Leadership and Narcissism", *Journal of Change Management*, Vol.9, No.2, (2009).

Hirschi A.& Jaensch V. K., "Narcissism and Career Success: Occupational Self-Efficacy and Career Engagement as Mediators", *Personality and Individual Differences*, Vol.77, (2015).

Tosi H. L.& Misangyi V. F.& Fanelli A.(et al.), "CEO Charisma, Compensation, and Firm Performance", *Leadership Quarterly*, Vol.15, No.3,

(2004).

Hofstede G., "Culture's Consequences : International Differences in Work-Related", *Values. Newbury Park : Sagc, 1984.*

Hoffman B. J.&Woehr D. J.&Maldagen-Youngjohn R.(et al.), "Great Man or Great Myth? A Quantitative Review of the Relationship Between Individual Differences and Leader Effectiveness", *Journal of Occupational and Organizational Psychology*,Vol.84, No.2, (2011).

Hoffman B. J.& Strang S. E.& Kuhnert K. W.(et al.), "Leader Narcissism and Ethical Context: Effects on Ethical Leadership and Leader Effectiveness", *Journal of Leadership & Organizational Studies*,Vol.20, No.1, (2013).

Hofstede G., "Motivation, Leadership, and Organization: Do American Theories Apply Abroad?", *Organizational Dynamics*, Vol.9, No.1, (1980).

Hogan R.&Curphy G. J.& Hogan J., "What We know About Leadership. Effectiveness and Personality", *American Psychologist*,Vol.49, No.6, (1994).

Hogan J.& Hogan R.& Kaiser R. B., "Management Derailment", Vol.3, (2011).

Hogan R. & Sinclair R., "For Love or Money? Character Dynamics in Consultation", *Consulting Psychology Journal: Practice and Research*, Vol,49, No.4, (1997).

Holmberg C.& Caro J.& Sobis I., "Job Satisfaction Among Swedish Mental Health Nursing Personnel: Revisiting the Two-Factor Theory", *International Journal of Mental Health Nursing*, Vol.27, No.2, (2018).

Hong L. C.& Kaur S., "A Relationship Between Organizational Climate, Employee Personality and Intention to Leave", *International Review of Business Research Papers*, Vol.4, No.3, (2008).

Hoobler J. M.& Brass D. J., "Abusive Supervision and Family Undermining as Displaced Aggression", *Journal of Applied Psychology*, Vol.91, No.5, (2006).

Horowitz L. M.& Wilson K. R.&Turan B.(et al.), "How Interpersonal Motives Clarify the Meaning of Interpersonal Behavior: A Revised Circumplex Model", *Personality and Social Psychology Review*,Vol.10, No.1, (2006).

Horvath S.& Morf C. C., "Narcissistic Defensiveness: Hypervigilance and Avoidance of Worthlessness", *Journal of Experimental Social Psychology*, Vol.45, No.6, (2009).

Huang L.& Krasikova D. V. & Harms P. D., "Avoiding or Embracing Social Relationships? A Conservation of Resources Perspective of Leader Narcissism, Leader–Member Exchange Differentiation, and Follower Voice", *Journal of Organizational Behavior*,Vol.41, No.1, (2020).

Ito J. K. & Brotheridge C. M., "Does Supporting Employees' Career Adaptability Lead to Commitment, Turnover, or Both?", *Human Resource Management*,Vol.44, No.1, (2005).

Jaeckel D.& Seiger C. P.& Orth U. (et al.), "Social Support Reciprocity and Occupational Self-Efficacy Beliefs during Mothers' Organizational Re-Entry", *Journal of Vocational Behavior*, Vol.80, No.2, (2012).

Jansen J. J.& Van Den Bosch F. A. & Volberda H. W., "Exploratory Innovation, Exploitative Innovation, and Performance: Effects of Organizational Antecedents and Environmental Moderators", *Management Science*, Vol.52, No.11, (2006).

Jehn K. A., "A Multimethod Examination of the Benefits and Detriments of Intragroup Conflict", *Administrative Science Quarterly*,

Vol.40, No.2, (1995).

Johnston C. S.& Luciano E. C.& Maggiori C. (et al.), "Validation of the German Version of the Career Adapt-Abilities Scale and its Relation to Orientations to Happiness and Work Stress", *Journal of Vocational Behavior*, Vol.83, No.3, (2013).

Judge T. A.& LePine J. A.& Rich B. L., "Loving Yourself Abundantly: Relationship of the Narcissistic Personality to Self and Other Perceptions of Workplace Deviance, Leadership, and Task and Contextual Performance", *Journal of Applied Psychology*, Vol.91, No.4, (2006).

Judge T. A.& Piccolo R. F. & Kosalka T., "The Bright and Dark Sides of Leader Traits: A Review and Theoretical Extension of the Leader Trait Paradigm", *The Leadership Quarterly*, Vol.20, No.6, (2006).

Judge T. A.& Bono J. E.& Locke E. A., "Personality and Job Satisfaction: The Mediating Role of Job Characteristics", *Journal of Applied Psychology*,Vol.85, No.2, (2000).

Kammerlander, Nadine & Andreas König & Melanie Richards, "Why Do Incumbents Respond Heterogeneously to Disruptive Innovations? The Interplay of Domain Identity and Role Identity",*Journal of Management Studies*, Vol.55, No.7, (2018).

Kammeyer-Mueller, John D.& Timothy A. Judge & Ronald F. Piccolo, "Self-esteem and Extrinsic Career Success: Test of a Dynamic Model", *Applied Psychology*, Vol.57, No.2, (2008).

Kashima, Yoshihisa (et al.), "Culture and Self: Are There Within-culture Differences in Self Between Metropolitan Areas and Regional Cities?", *Personality and Social Psychology Bulletin*, Vol.30, No.7, (2004).

Kernberg, Otto F., "Regression in Organizational Leadership",

Psychiatry, Vol.42, No.1, (1979).

Kernberg, Otto, "Borderline Personality Organization",*Journal of the American Psychoanalytic Association*, Vol.15, No.3, (1967).

Kernis M. H.& Sun C. R.& Kernis M. H. (et al.), "Narcissism and Reactions to Interpersonal Feedback", *Journal of Research in Personality*, Vol.28, No.1, (1994).

Khoo H. S.& Burch G. S. J., "The 'Dark Side' of Leadership Personality and Transformational Leadership: An Exploratory Study", *Personality & Individual Differences*, Vol.44, No.1, (2008).

Kiesler D. J., "Contemporary Interpersonal Theory and Research: Personality Psychopathology, and Psychotherapy", *New York: John Wiley & Sons*, 1996.

King III, Granville, "Narcissism and Effective Crisis Management: A Review of Potential Problems and Pitfalls",*Journal of Contingencies and Crisis Management*,Vol.15, No.4, (2007).

Koekemoer, Eileen & Hendrik Le Roux Fourie & Lene Ilyna Jorgensen, "Exploring Subjective Career Success Among Blue-collar Workers: Motivators That Matter", *Journal of Career Development*, Vol.46, No.3, (2019).

Kohut, Heinz, "Forms and Transformations of Narcissism",*Journal of the American Psychoanalytic Association,* Vol.14, No.2, (1966).

Konrad, Alison M.& Robert Mangel, "The Impact of Work-life Programs on Firm Productivity",*Strategic Management Journal*, Vol.21, No.12, (2000).

Kraimer, Maria L. (et al.), "An Investigation of Academic Career Success: The New Tempo of Academic Life",*Academy of Management*

Learning & Education, Vol.18, No.2, (2019).

L. Farwell & R. Wohlwend-Lloyd, "Narcissistic Processes: Optimistic Expectations, Favorable Self-evaluations, and Self-enhancing Attributions", *Journal of Personality*, Vol.66, No.1, (1998).

Landry G.& Vandenberghe C., "Role of Commitment to the Supervisor, Leader-Member Exchange, and Supervisor-Based Self-Esteem in Employee-Supervisor Conflicts", *Journal of Social Psychology*, Vol.149, No.1, (2009).

Leary T., "Interpersonal Diagnosis of Personality", *New York: Ronald Press*, 1957.

Lent R.W.& Brown S.D.& Hackett G., "Toward a Unifying Social Cognitive Theory of Career and Academic Interest, Choice and Performance", *Journal of Vocational Behavior*, Vol.45, No.1, (1994).

Liao S.& Van der Heijden B.& Liu Y. (et al.), "The Effects of Perceived Leader Narcissism on Employee Proactive Behavior: Examining the Moderating Roles of LMX Quality and Leader Identification", *Sustainability*,Vol.11, No.23, (2019).

Lin, Han (et al.), "CEO Narcissism, Public Concern, and Megaproject Social Responsibility: Moderated Mediating Examination",*Journal of Management in Engineering*,Vol.34, No.4, (2018).

Liu H.& Chiang J. T. J.& Fehr R. (et al.), "How Do Leaders React When Treated Unfairly? Leader Narcissism and Self-interested Behavior in Response to Unfair Treatment", *Journal of Applied Psychology*,Vol.102, No.11, (2017).

London M., "Leader–follower Narcissism and Subgroup Formation in Teams: a Conceptual Model", *Journal of Managerial Psychology*, Vol.34, No.6, (2019).

Lord R. G.& Foti R. J.& Vader C. L. D., "A Test of Leadership Categorization Theory: Internal Structure, Information Processing, and Leadership Perceptions", *Organizational Behavior & Human Performance*, Vol.34, No.3, (1984).

Maccoby M., "Narcissistic leaders: The Incredible Pros, the Inevitable Con", *Harvard Business Review*, Vol.82, No.1, (2004).

Maccoby, Michael, "Why Should the Best Talent Work for You?", *Research Technology Management*, Vol.43, No.5, (2000).

Maggiori C.& Johnston C. S.& Krings F. (et al.), "The Role of Career Adaptability and Work Conditions on General and Professional Well-being", *Journal of Vocational Behavior*, Vol.83, No.3, (2013).

Markus, Hazel Rose & Shinobu Kitayama, "Cultures and Selves: A Cycle of Mutual Constitution", *Perspectives on Psychological Science*, Vol.5, No.4, (2010).

Martinez M. A.& Zeichner A.& Reidy D. E. (et al.), "Narcissism and Displaced Aggression: Effects of Positive, Negative, and Delayed Feedback", *Personality and Individual Differences*, Vol.44, No.1, (2008).

McCrae, Robert R., "Openness to Experience: Expanding the Boundaries of Factor V", *European Journal of Personality*, Vol.8, No.4, (1994).

Miller, Joshua D.& W. Keith Campbell, "Comparing Clinical and Social-personality Conceptualizations of Narcissism", *Journal of Personality*, Vol.76, No.3, (2008).

Mirvis, Philip H.& Douglas T. Hall, "Psychological Success and the Boundaryless Career", *Journal of Organizational Behavior*, Vol.15, No.4, (1994).

Mohammed S.& Angell L. C., "Surface-and Deep-level Diversity in Workgroups: Examining the Moderating Effects of Team Orientation and Team Process on Relationship Conflict",*Journal of Organizational Behavior: The International Journal of Industrial, Occupational and Organizational Psychology and Behavior*, Vol.25, No.8, (2004).

Morf C. C.& Rhodewalt F., "Narcissism and Self-evaluation Maintenance: Explorations in Object Relations",*Personality and Social Psychology Bulletin*, Vol.19, No.6, (1993).

Morf C. C.& Rhodewalt F., "Unraveling the Paradoxes of Narcissism: A Dynamic Self-Regulatory Processing Model", *Psychological Inquiry*, Vol.12, No.4, (2001).

Morrow, Paula C., "Concept Redundancy in Organizational Research: The Ease of Work Commitment", *Academy of Management Review*, Vol.8, No.3, (1983).

Mumford, Michael D. (et al.), "The Sources of Leader Violence: A Comparison of Ideological and Non-ideological Leaders", *The Leadership Quarterly*, Vol.18, No.3, (2007).

Najam U.& Umar B.& Wajiha K., "Does Work-Life Balance Moderate the Relationship between Career Commitment and Career Success? Evidence from an Emerging Asian Economy", *Administrative Sciences*, Vol.10, No.4, (2020).

Nevicka B.& Ten Velden F. S.& De Hoogh A. H. B. (et al.), "Reality at Odds with Perceptions: Narcissistic Leaders and Group Performance", *Psychological Science*, Vol.22, No.10, (2011).

Nevicka B.& De Hoogh A. H.& Van Vianen A. E. (et al.), "Uncertainty Enhances the Preference for Narcissistic Leaders", *European Journal of*

Social Psychology,Vol.43, No.5, (2013).

Nevicka B.& Van Vianen A. E.& De Hoogh A. H. (et al.), "Narcissistic Leaders: An Asset or a Liability? Leader Visibility, Follower Responses, and Group-level Absenteeism", *Journal of Applied Psychology*,Vol.103, No.7, (2018).

Nevicka, Barbara. (et al.), "Narcissistic Leaders and Their Victims: Followers Low on Self-esteem and Low on Core Self-evaluations Suffer Most", *Frontiers in Psychology*, Vol.9, (2018).

Nevicka & De Hoogh & Van Vianen (et al.), "All I Need Is a Stage to Shine: Narcissists'leader Emergence and Performance", *Leadership Quarterly*, Vol.22, No.5, (2011).

Ng T. W.& Eby L. T.& Sorensen K. L. (et al.), "Predictors of Objective Career Success. A Meta-analysis", *Personnel Psychology*, Vol.58, No.2, (2005).

O'Boyle E. H.& Forsyth D. R.& Banks G. C. (et al.), "A Meta-analysis of the Dark Triad and Work Behavior: A Social Exchange Perspective", *Journal of Applied Psychology*, Vol.97, No.3, (2012).

O'Reilly III C. A.& Doerr B.& Caldwell D. F.(et al.), "Narcissistic CEOs and Executive Compensation", *Leadership Quarterly*, Vol.25, No.2, (2014).

Charles A. O'Reilly, David F. Caldwell, Jennifer A. Chatman, (et al.), "The Promise and Problems of Organizational Culture: CEO Personality, Culture, and Firm Performance", *Group & Organization Management*, Vol.39, No.6, (2014).

Charles A.O'Reilly & Jennifer A. Chatman, "Transformational Leader or Narcissist? How Grandiose Narcissists Can Create and Destroy

Organizations and Institutions", *California Management Review*, Vol.62, No.3, (2020).

Offermann L. R.& Kennedy Jr.& Wirtz P. W., "Implicit Leadership Theories: Content, Structure, and Generalizability", *Leadership Quarterly*, Vol.5, No.1, (1994).

Oltmanns, Thomas F. (et al.), "Perceptions of People with Personality Disorders Based on Thin Slices of Behavior", *Journal of Research in Personality*, Vol.38, No.3, (2004).

Charles A. O'Reilly, Bernadette Doerr, David F. Caldwell (et al.), "Narcissistic CEOs and Executive Compensation", *The Leadership Quarterly*, Vol.25, No.5, (2014).

Orpen, Christopher, "The Effects of Organizational and Individual Career Management on Career Success", *International Journal of Manpower*, Vol.15, No.1, (1994).

Ouimet G., "Dynamics of Narcissistic Leadership in Organizations: Towards an Integrated Research Model", *Journal of Managerial Psychology*, Vol.25, No.7, (2010).

Oyemomi, Oluwafemi (et al.), "How Cultural Impact on Knowledge Sharing Contributes to Organizational Performance: Using the FsQCA Approach", *Journal of Business Research*, Vol.94, (2019).

Oyserman, Daphna & Heather M. Coon & Markus K., "Rethinking Individualism and Collectivism: Evaluation of Theoretical Assumptions and Meta-analyses", *Psychological Bulletin*, Vol.128, No.1, (2002).

Padilla A.& Hogan R.& Kaiser R. B., "the Toxic Triangle: Destructive Leaders, Susceptible Followers, and Conducive Environments", *The Leadership Quarterly*, Vol.18, No.3, (2007).

Paulhus, Delroy L.& Oliver P. John, "Egoistic and Moralistic Biases in Self-Perception: the Interplay of Self-Deceptive Styles With Basic Traits and Motives", *Journal of Personality*, Vol.66, No.6, (1998).

Paunonen, Sampo V.(et al.), "Narcissism and Emergent Leadership in Military Cadets", *The Leadership Quarterly*, Vol.17, No.5, (2006).

Peterson, Suzanne J., Benjamin M. Galvin & Donald Lange, "CEO Servant Leadership: Exploring Executive Characteristics and Firm Performance", *Personnel Psychology*, Vol.65, No.3, (2012).

Pfeffer J.& Jerry R., "The Effects of Marriage and a Working Wife on Occupational and Wage Attainment", *Administrative Science Quarterly*, Vol.27, No.2, (1982).

Pintrich P. R. & De Groot E. V., "Motivational and Self-Regulated Learning Components of Classroom Academic Performance", *Journal of Educational Psychology*,Vol.82, No.1 (1990).

Porfeli E. J., Savickas M. L., "Career Adapt-Abilities Scale-Usa Form: Psychometric Properties and Relation to Vocational Identity", *Journal of Vocational Behavior*, Vol.80, No.3, (2012).

Porter L. W., Mclaughlin G. B., "Leadership and the Organizational Context: Like the Weather?", *The Leadership Quarterly*, Vol.17, No.6, (2006).

Presti & Alessandro Lo.& Kaisa Törnroos & Sara Pluviano, "Because i Am Worth It and Employable: a Cross-Cultural Study on Self-Esteem and Employability Orientation As Personal Resources For Psychological Well-Being At Work", *Current Psychology*, Vol.39, No.5, (2020).

Priem & Richard L.& Leonard G. Love, "Executives' Perceptions of Uncertainty Sources: a Numerical Taxonomy and Underlying Dimensions", *Journal of Management*, Vol.28, No.6, (2002).

Raskin R.& Novacek J.& Hogan R., "Narcissistic Self-Esteem Management", *Journal of Personality and Social Psychology*, Vol.60, No.6, (1991).

Raskin R.& Terry H., "a Principal-Components Analysis of the Narcissistic Personality Inventory and Further Evidence of Its Construct Validity", *Journal of Personality and Social Psychology*,Vol.54, No.5, (1988).

Resick C. J.& Whitman D. S.&Weingarden S. M., "The Bright-Side and Dark-Side of CEO Personality: Examining Core Self-Evaluations, Narcissism Transformational Leadership, and Strategic Influence", *Journal of Applied Psychology*, Vol.94, No.6, (2009).

Rhodewalt F.& Morf C. C., "On Self-Aggrandizement and Anger: a Temporal Analysis of Narcissism and Affective Reactions to Success and Failure", *Journal of Personality and Social Psychology*, Vol.74, No.3, (1998).

Rhodewalt F.& Tragakis M. W.& Finnerty J., "Narcissism and Self-Handicapping: Linking Delf-Aggrandizement to Behavior", *Journal of Research in Personality*, Vol.40, No.5, (2006).

Rigotti Thomas, Schyns Birgit, Mohr Gisela, "a Short Version of the Occupational Self-Efficacy Scale: Structural and Construct Validity Across Five Countries", *Journal of Career Assessment*, Vol.16, No.2,(2008).

Rijsenbilt & Antoinette & Harry Commandeur, "Narcissus Enters the Courtroom: CEO Narcissism and Fraud", *Journal of Business Ethics*, Vol.117, No.2, (2013).

Robbins & Stephen P., "the Theory z Organization From a Power-Control Perspective", *California Management Review*, Vol.25, No.2, (1983).

Rosenthal S. A.& Pittinsky T. L., "Narcissistic Leadership ", *The Leadership Quarterly*, Vol.17, No.6, (2006).

Rottinghaus P. J.& Day S. X.& Borgen F. H., "The Career Futures Inventory: A Measure of Career-Related Adaptability and Optimism", *Journal of Career Assessment*, Vol.13, No.1, (2005).

Rottinghaus P. J.& Lisa M. L.& Fred H. B., "The Relation of Self-Efficacy and Interests: a Meta-Analysis of 60 Samples", *Journal of Vocational Behavior*, Vol.62, No.2, (2003).

Sadler P.& Woody E., "Is Who You Are Who You're Talking to? Interpersonal Style and Complementarity in Mixed-Sex Interactions", *Journal of Personality and Social Psychology*, Vol.84, No.1,(2003).

Sadler P.&Ethier N.& Woody E.," Tracing the Interpersonal Web of Psychopathology: Dyadic Data Analysis Methods For Clinical Researchers", *Journal of Experimental Psychopathology*, Vol.2, No.2, (2007).

Sadler P.& Ethier N.&Woody E., "Handbook of Interpersonal Psychology: Theory, Research, Assessment, and Therapeutic Intervendons", *Hoboken, NJ: John Wiley & Sons*, (2011).

Sadler P.& Ethier N.& Gunn G. R. (et al.), "Are We on the Same Wavelength? Interpersonal Complementarity As Shared Cyclical Patterns During Interactions", *Journal of Personality and Social Psychology*, Vol.97, No.6,(2009).

Savickas M. L., "Career Adaptability: An Integrative Construct for Life-Span, Life-Space Theory", *Career Development Quarterly*, Vol.45, No.3, (1997).

Savickas M. L.& Porfeli E. J., "Career Adapt-Abilities Scale: Construction, Reliability, and Measurement Equivalence Across 13 Countries", *Journal of Vocational Behavior*, Vol.80, No.3,(2012).

Schaubroeck J., "Destructive Leader Traits and the Neutralizing

Influence of An 'Enriched' Job", *The Leadership Quarterly*, Vol.18, No.3, (2007).

Schyns B. & Collani G. Von., "a New Occupational Self-Efficacy Scale and Its Relation to Personality Constructs and Organizational Variables", *European Journal of Work & Organizational Psychology*, Vol.12, No.3, (2002).

Sedikides Constantine & W. Keith Campbell, "Narcissistic Force Meets Systemic Resistance: the Energy Clash Model", *Perspectives on Psychological Science*, Vol.12, No.3, (2017).

Seibert S. E.& Kraimer M. L.& Liden R. C., "a Social Capital Theory of Career Success", *Academy of Management Journal*, Vol.44, No.2, (2001).

Shechtman N.& Horowitz L. M., "Interpersonal and Noninterpersonal Interactions, Interpersonal Motives, and The Effect of Frustrated Motives", *Personality and Social Psychology Bulletin*, Vol.32, No.8,(2006).

Smidt W., "Career Success of Preschool Teachers in Germany-The Significance of the Big Five Personality Traits, Locus of Control, and Occupational Self-Efficacy", *Early Child Development and Care*, Vol.188, No.10, (2018).

Smith S. F.& Lilienfeld S. O., "Psychopathy in the Workplace: the Knowns and Unknowns", *Aggression and Violent Behavior*, Vol.18, No.2, (2013).

Spurk D.& Abele A. E.& Volmer J., "The Career Satisfaction Scale: Longitudinal Measurement Invariance and Latent Growth Analysis", *Journal of Occupational and Organizational Psychology*, Vol.84, No.2, (2011).

Spurk D.& Andreas H.& Nicky Dries, "Antecedents and Outcomes of Objective Versus Subjective Career Success: Competing Perspectives and

Future Directions", *Journal of Management*, Vol.45, No.1, (2019).

Sun W. P.& C. Randall Colvin, "Narcissism and Other-Derogation in the Absence of Ego Threat", *Journal of Personality*, Vol.83, No.3, (2015).

Tanner G.& Kathleen O., "Superior–subordinate Communication During Organizational Change: Under Which Conditions Does High-quality Communication Become Important?", *The International Journal of Human Resource Management*, Vol.27, No.19, (2016).

Tepper B. J., "Consequences of Abusive Supervision", *Academy of Management Journal*, Vol.43, No.2, (2000).

Tillman C. J.& Hood A. C.& Richard O. C., "Supervisor–subordinate Relationship Conflict Asymmetry and Subordinate Turnover Intentions: The Mediating Roles of Stress and Counterproductive Work Behaviors", *Journal of Behavioral and Applied Management*,Vol.17, No.3, (2017).

Tokarev A.& Phillips A. R.& Hughes D. J. (et al.), "Leader Dark Traits, Workplace Bullying, and Employee Depression: Exploring Mediation and the Role of the Dark Core", *Journal of Abnormal Psychology*, Vol.126, No.7, (2017).

Tolentino L. R.& Garcia P.R.J.M.& Restubog S.L.D. (et al.), "Validation of the Career Adapt-Abilities Scale and an Examination of a Model of Career Adaptation in the Philippine Context", *Journal of Vocational Behavior*, Vol.83, No.3, (2013).

Triandis, Harry C.& Michele J. G., "Converging Measurement of Horizontal and Vertical Individualism and Collectivism", *Journal of Personality and Social Psychology*, Vol.74, No.1, (1998).

Uhl-Bien M., "Relational Leadership Theory: Exploring the Social Processes of Leadership and Organizing", *The Leadership Quarterly*, Vol.17,

No.6, (2006).

Useem M.& Jerome K., "Pathways to Top Corporate Management", *American Sociological Review*, Vol.51, No.2, (1986).

Van E.& Rene & Frans C. (et al.), "Leadership Styles and Associated Personality Traits: Support for the Conceptualisation of Transactional and Transformational Leadership", *South African Journal of Psychology*, Vol.38, No.2, (2008).

Verbruggen M., "Psychological Mobility and Career Success in the 'New' Career Climate", *Journal of Vocational Behavior*, Vol.81, No.2, (2012).

Vigoda E., "Organizational Politics, Job Attitudes, and Work Outcomes: Exploration and Implications for the Public Sector", *Journal of Vocational Behavior*, Vol.57, No.3, (2000).

Volmer J.& Koch I. K.& Göritz A. S., "The Bright and Dark Sides of Leaders' Dark Triad Traits: Effects on Subordinates' Career Success and Well-Being", *Personality & Individual Differences*, Vol.108, (2016).

Waldman D. A.& Ramirez G. G.& House R. J. (et al.), "Does Leadership Matter? CEO Leadership Attributes and Profitability under Conditions of Perceived Environmental Uncertainty", *Academy of Management Journal*, Vol.44, No.1, (2001).

Walsh L. C.& Julia K. B.& Sonja L., "Does Happiness Promote Career Success? Revisiting the Evidence", *Journal of Career Assessment*, Vol.26, No.2, (2018).

Wayne A. H.& Katina W. T., "Mirror on my Boss's Wall: Engaged Enactment's Moderating Role on the Relationship between Perceived Narcissistic Supervision and Work Outcomes", *Human Relations*, Vol.65, No.3, (2012).

Whitely W.& Thomas W. D.& George F. D., "Relationship of Career Mentoring and Socioeconomic Origin to Managers' and Professionals' Early Career Progress", *Academy of Management Journal*, Vol.34, No.2, (1991).

Wu W. Q.& Wang H. X.& Lee H. Y.(et al.), "How Machiavellianism, Psychopathy, and Narcissism Affect Sustainable Entrepreneurial Orientation: the Moderating Effect of Psychological Resilience", *Frontiers in Psychology*, Vol.10, (2019).

Zaccaro S. J., "Trait-Based Perspectives of Leadership", *American Psychologist*, Vol.62, No.1, (2007).

Zacher H., "Career Adaptability Predicts Subjective Career Success above and beyond Personality Traits and Core Self-Evaluations", *Journal of Vocational Behavior*, Vol.84, No.1, (2014).

Zacher H., "Individual Difference Predictors of Change in Career Adaptability over Time", *Journal of Vocational Behavior*, Vol.84, No.2, (2014).

Zellars K. L.& Tepper B. J.& Duffy M. K., "Abusive Supervision and Subordinates' Organizational Citizenship Behavior", *Journal of Applied Psychology*, Vol.87, No.6, (2002).

Zhiqiang M.& Siddiqui S. H.& Khan M. A. S., "Be Aware not Reactive: Testing a Mediated-Moderation Model of Dark Triad and Perceived Victimization via Self-Regulatory Approach", *Frontiers in Psychology*, Vol.11, (2020).

Zuckerman M.& O'Loughlin R. E., "Self-Enhancement by Social Comparison: A Prospective Analysis", *Personality and Social Psychology Bulletin*, Vol.32, No.6, (2006).

Zvi L.& Shtudiner Z., "Resume Fraud and Counterproductive Behavior: The Impact of Narcissism in the Labor Market", *Journal of Behavioral and Experimental Economics*, Vol.93, (2021).

附录 A 《自恋型领导影响因素调查问卷》

尊敬的女士 / 先生，

　　您好！感谢您在百忙之中填写本调查问卷。这是领导力与员工行为课题组的一份学术研究问卷，旨在探讨自恋型领导的影响因素。本问卷匿名填写，答案没有对错、好坏之分；所得结果只用于学术研究，不涉及任何商业机密，对您的上级主管和公司都保密，更不会影响您的工作，请不要有所顾虑，放心填写。由于答题不全的问卷无法进行统计分析，请您逐题作答，不要遗漏。感谢您的支持与配合！

领导力与员工行为课题组

第一部分：个人基本信息

　　说明：请您在符合的选项序号上打"√"。

　　①您的上级主管的性别：（1）男　　（2）女

　　②您的上级主管是：（1）基层管理人员　　（2）中层管理人员（3）高层管理人员

　　③您与现任主管的共事时间是：（1）1 年及以内　　（2）1—

3 年　　（3）3—5 年　　（4）5—7 年

④您单位的性质是：（1）国有（含国家控股）企业　　（2）民营企业　　（3）外资企业　　（4）其他

第二部分：问卷主体

个体主义测量：根据该陈述与您现实的匹配程度，在您认为最合适的答案的数字上打"√"。

编号	题　项	非常不符合	比较不符合	无法确定	比较符合	非常符合
ID1	我很看重工作要比别人出色	1	2	3	4	5
ID2	竞争是自然生存法则	1	2	3	4	5
ID3	我经常做自己的事情	1	2	3	4	5
ID4	我大部分时间是依靠自己，很少依靠别人	1	2	3	4	5

组织集权测量：根据该陈述与您现实的匹配程度，在您认为最合适的答案的数字上打"√"。

编号	题　项	非常不符合	比较不符合	无法确定	比较符合	非常符合
OC1	除非领导同意，否则员工不会采取任何行动	1	2	3	4	5
OC2	如果员工想自己做决定，会很快被他人否定	1	2	3	4	5

续表

编号	题　项	非常不符合	比较不符合	无法确定	比较符合	非常符合
OC3	即使事情不太重要，也需要级别更高的人做最后决定	1	2	3	4	5
OC4	员工在没有请示上级之前，不会擅自行动	1	2	3	4	5
OC5	员工大部分的决策需要主管的批准	1	2	3	4	5

自恋型领导测量：根据该陈述与您现实的匹配程度，在您认为最合适的答案的数字上打"√"。

编号	题　项	非常不符合	比较不符合	无法确定	比较符合	非常符合
N1	我的上级希望成为一个好领导	1	2	3	4	5
N2	我的上级是自信的	1	2	3	4	5
N3	我的上级善于影响他人	1	2	3	4	5
N4	我的上级喜欢成为别人关注的焦点	1	2	3	4	5
N5	我的上级希望每个人都欣赏他/她	1	2	3	4	5
N6	我的上级喜欢和别人竞争	1	2	3	4	5
N7	我的上级过分关注外表	1	2	3	4	5
N8	我的上级是自负的、以自我为中心的	1	2	3	4	5
N9	我的上级能够自我满足	1	2	3	4	5
N10	我的上级对他人漠不关心	1	2	3	4	5

调查全部结束，谢谢合作。

附录 B 《自恋型领导与员工职业成功的调查问卷》

尊敬的女士/先生,

您好! 感谢您在百忙之中填写本调查问卷。这是领导力与员工行为课题组的一份学术研究问卷,旨在探讨员工职业发展的影响因素。本问卷匿名填写,答案没有对错、好坏之分;所得结果只用于学术研究,不涉及任何商业机密,对您的上级主管和公司都保密,更不会影响您的工作,请不要有所顾虑,放心填写。由于答题不全的问卷无法进行统计分析,请您逐题作答,不要遗漏。感谢您的支持与配合!

领导力与员工行为课题组

第一部分:个人基本信息

说明:请您在符合的选项序号上打"√"或在" "填写答案。

①性别:(1) 男　　(2) 女

②年龄:　　岁　　月

③学历:(1) 高中/中专及以下　　(2) 大专　　(3) 本科　　(4) 硕士及以上

④工作年龄:(1) 1 年以内　　(2) 1—3 年　　(3) 3—5 年　　(4) 5—7 年　　(5) 7 年以上

⑤岗位类别:(1) 管理类　　(2) 专业技术类　　(3) 其他

⑥您的职称 / 技术等级:(1) 初级　　(2) 中级　　(3) 副高级　　(4) 正高级

⑦您的现任主管是:(1) 基层管理人员　　(2) 中层管理人员　　(3) 高层管理人员

⑧您与现任主管的共事时间是:(1) 1 年及以内　　(2) 1—3 年　　(3) 3—5 年　　(4) 5—7 年　　(5) 7 年以上

⑨您单位的性质是:(1) 国有(含国家控股)企业　　(2) 民营企业　　(3) 外资企业　　(4) 其他

第二部分:问卷主体

自恋型领导测量:根据该陈述与您现实的匹配程度,在您认为最合适的答案的数字上打"√"。

编号	题　　项	非常不符合	比较不符合	无法确定	比较符合	非常符合
N1	我的上级希望成为一个好领导	1	2	3	4	5
N2	我的上级是自信的	1	2	3	4	5
N3	我的上级善于影响他人	1	2	3	4	5
N4	我的上级喜欢成为别人关注的焦点	1	2	3	4	5
N5	我的上级希望每个人都欣赏他 / 她	1	2	3	4	5
N6	我的上级喜欢和别人竞争	1	2	3	4	5

编号	题　项	非常不符合	比较不符合	无法确定	比较符合	非常符合
N7	我的上级过分关注外表	1	2	3	4	5
N8	我的上级是自负的、以自我为中心的	1	2	3	4	5
N9	我的上级能够自我满足	1	2	3	4	5
N10	我的上级对他人漠不关心	1	2	3	4	5

职业成功测量：根据该陈述与您现实的匹配程度，在您认为最合适的答案的数字上打"√"。

编号	题　项	非常不符合	比较不符合	无法确定	比较符合	非常符合
CS1	我被组织看作是宝贵的资源	1	2	3	4	5
CS2	组织认为我的技能和经验能为其创造价值	1	2	3	4	5
CS3	我在组织里的发展机会有很多	1	2	3	4	5
CS4	在别的组织里，我很容易就能找到与现在相类似的工作	1	2	3	4	5
CS5	凭我的技能和经验，我有很多工作机会可以选择	1	2	3	4	5
CS6	因为我的技能和经验，其他组织会视我为有价值的资源	1	2	3	4	5
CS7	我对我的职业所取得的成就感到满意	1	2	3	4	5
CS8	我对自己在职业目标中取得的进步感到满意	1	2	3	4	5
CS9	我对自己在收入目标中取得的进步感到满意	1	2	3	4	5

续表

编号	题　项	非常不符合	比较不符合	无法确定	比较符合	非常符合
CS10	我对自己在晋升目标中取得的进步感到满意	1	2	3	4	5
CS11	我对自己在获得新技能目标中取得的进步感到满意	1	2	3	4	5

职业自我效能感测量：根据该陈述与您现实的匹配程度，在您认为最合适的答案的数字上打"√"。

编号	题　项	非常不符合	比较不符合	无法确定	比较符合	非常符合
CE1	面对工作中的困难时我可以保持冷静，因为我可以依靠我的个人能力解决	1	2	3	4	5
CE2	当我面对工作中的问题时，我通常能找到多个解决方案	1	2	3	4	5
CE3	无论工作中遇到什么难题，我通常都能解决	1	2	3	4	5
CE4	过去的工作经验为我的职业发展做好了准备	1	2	3	4	5
CE5	我实现了自己的工作目标	1	2	3	4	5
CE6	我为工作中的大多数要求做好了准备	1	2	3	4	5

上下级关系冲突测量：根据该陈述与您现实的匹配程度，在您认为最合适的答案的数字上打"√"。

编号	题　　项	非常不符合	比较不符合	无法确定	比较符合	非常符合
S1	我和上级之间经常发生冲突	1	2	3	4	5
S2	我和上级之间由于性格差异经常发生矛盾	1	2	3	4	5
S3	我和上级之间关系很紧张	1	2	3	4	5
S4	我和上级之间发生情感冲突频率很高	1	2	3	4	5

职业适应力测量：根据该陈述与您现实的匹配程度，在您认为最合适的答案的数字上打"√"。

编号	题　　项	非常不符合	比较不符合	无法确定	比较符合	非常符合
CA1	我会思考自己的未来是什么样子的	1	2	3	4	5
CA2	我认识到当下的选择会影响到自己的未来	1	2	3	4	5
CA3	我会为我的未来做准备	1	2	3	4	5
CA4	我意识到自己必须做的教育和职业选择	1	2	3	4	5
CA5	我会计划如何达到目标	1	2	3	4	5
CA6	我关注自己的职业生涯	1	2	3	4	5
CA7	我拥有乐观的心态	1	2	3	4	5
CA8	我能自己做决定	1	2	3	4	5
CA9	我能对自己的行为负责	1	2	3	4	5
CA10	我坚持自己的信念	1	2	3	4	5

编号	题　　项	非常不符合	比较不符合	无法确定	比较符合	非常符合
CA11	我凡事靠自己	1	2	3	4	5
CA12	我会做自己认为对的事	1	2	3	4	5
CA13	我会积极地去收集与自己未来发展有关的信息	1	2	3	4	5
CA14	我会寻找个体发展的机会	1	2	3	4	5
CA15	我不会鲁莽做决定	1	2	3	4	5
CA16	我会注意观察做事的不同方法	1	2	3	4	5
CA17	我会深入探究自己存在的问题	1	2	3	4	5
CA18	我对于新机遇会保持好奇心	1	2	3	4	5
CA19	我能有效地完成任务	1	2	3	4	5
CA20	我能认真做好每件事	1	2	3	4	5
CA21	我注重学习新技能	1	2	3	4	5
CA22	我对工作竭尽全力	1	2	3	4	5
CA23	我能克服障碍	1	2	3	4	5
CA24	我解决问题的能力强	1	2	3	4	5

传统性测量：根据该陈述与您现实的匹配程度，在您认为最合适的答案的数字上打"√"。

编号	题　　项	非常不符合	比较不符合	无法确定	比较符合	非常符合
T1	如果因事争执不下，应请辈分最高的人主持公道	1	2	3	4	5

续表

编号	题　　项	非常不符合	比较不符合	无法确定	比较符合	非常符合
T2	要避免发生错误，最好的办法是听领导的话	1	2	3	4	5
T3	父母所尊敬的人，子女也应尊敬	1	2	3	4	5
T4	女子婚前接受父亲管教，出嫁后则应顺从丈夫	1	2	3	4	5
T5	政府首脑等于是大家长，一切国家大事都应该听从他的决定	1	2	3	4	5

环境不确定性测量：根据该陈述与您现实的匹配程度，在您认为最合适的答案的数字上打"√"。

编号	题　　项	非常不符合	比较不符合	无法确定	比较符合	非常符合
E1	我所在的部门或团队的工作环境富于变化	1	2	3	4	5
E2	我所在的部门或团队的工作环境充满了挑战	1	2	3	4	5
E3	我所在的部门或团队的工作环境提供了非常多的改变机会	1	2	3	4	5

支配性测量：根据该陈述与您现实的匹配程度，在您认为最合适的答案的数字上打"√"。

编号	题 项	非常不符合	比较不符合	无法确定	比较符合	非常符合
D1	我会指使他人	1	2	3	4	5
D2	我对权力有强烈的需求	1	2	3	4	5
D3	我会坚持让别人按我的方式做事	1	2	3	4	5
D4	我喜欢拥有对他人的威信	1	2	3	4	5
D5	我会对他人提出要求	1	2	3	4	5
D6	我被认为是一个有控制欲的人	1	2	3	4	5

主动性测量：根据该陈述与您现实的匹配程度，在您认为最合适的答案的数字上打"√"。

编号	题 项	非常不符合	比较不符合	无法确定	比较符合	非常符合
P1	如果看到不喜欢的事，我会想办法去解决它	1	2	3	4	5
P2	不论成功机会有多大，只要我相信一件事，我就会将它变为现实	1	2	3	4	5
P3	如果我相信某个想法，那就没有任何困难能够阻止我去实现它	1	2	3	4	5
P4	即使别人反对，我也愿意坚持自己的想法	1	2	3	4	5
P5	我善于发现机会	1	2	3	4	5
P6	我总是在寻找更好的方法来做事	1	2	3	4	5

调查全部结束，谢谢合作。

责任编辑：詹　夺
封面设计：王春峥
版式设计：严淑芬

图书在版编目（CIP）数据

自恋型领导对员工职业成功的影响效应研究／王华强　著．—
　北京：人民出版社，2021.12
ISBN 978－7－01－023960－6

I.①自…　II.①王…　III.①人力资源管理－研究　IV.①F243

中国版本图书馆 CIP 数据核字（2021）第 232423 号

自恋型领导对员工职业成功的影响效应研究
ZILIANXING LINGDAO DUI YUANGONG ZHIYE CHENGGONG DE
YINGXIANG XIAOYING YANJIU

王华强　著

人民出版社 出版发行
（100706　北京市东城区隆福寺街 99 号）

北京中科印刷有限公司印刷　新华书店经销

2021 年 12 月第 1 版　2021 年 12 月北京第 1 次印刷
开本：880 毫米 ×1230 毫米 1/32　印张：9.125
字数：195 千字

ISBN 978－7－01－023960－6　定价：69.00 元

邮购地址 100706　北京市东城区隆福寺街 99 号
人民东方图书销售中心　电话（010）65250042　65289539